papiroflexia
iniciación 2

VICENTE PALACIOS

Miembro de la BRITISH ORIGAMI SOCIETY
Socio honorario del CENTRO LATINO DE ORIGAMI
Ex-presidente de la ASOCIACIÓN ESPAÑOLA DE PAPIROFLEXIA
Miembro de otras numerosas Asociaciones de Papiroflexia

EDITORIAL
SALVATELLA

Composición portada y maquetación:
Sam disseny

Primera edición marzo de 2005

c/ Sant Domènec, 5 · 08012 BARCELONA
www.salvatella.com

ISBN: 84-8412-290-5
Depósito Legal: B-11.059-2005
Imprime: Frape, S.L.

Printed in Spain

EDITORIAL

Al aparecer la primera edición del libro "PAPIROFLEXIA COLECCIÓN" en el año 2002, sugerí al Sr. Palacios la posibilidad de componer un libro por entero dedicado a los principiantes, y hasta le expresé la conveniencia del mismo.

Muchos libros de papiroflexia comienzan con figuras fáciles; pero continúan con otras que descorazonan y desaniman a los poco expertos. Los hay mucho más asequibles; pero con malos dibujos y pobrísimo contenido, que no animan a iniciarse en la afición. Otros se publican en lejanos países con mejor o peor fortuna; pero resultan inasequibles en el nuestro.

Por supuesto al componer un libro especialmente dedicado a los principiantes caben muy diversos criterios; en el plano teórico o en el práctico.

"PAPIROFLEXIA INICIACIÓN" esperamos que sea un buen medio de iniciación para muchos.

Curiosamente la palabra INICIACIÓN podría referirse también a la misma PAPIROFLEXIA en sí, como arte, como ciencia o como simple afición. ¿Cómo y cuándo se inició? Responder a la pregunta constituye una auténtica querencia del autor desde hace unos cuarenta años. Y al final de este libro, no ha dejado de incluir una sección de "Notas de interés histórico", llena de novedades y creemos que de interés también para muchos lectores.

"PAPIROFLEXIA INICIACIÓN" puede ser muy útil para el principiante autodidacta; para unos padres, como medio de ayuda y orientación a los hijos y particularmente a los más jovencitos; para tantos profesores de trabajos manuales, al ofrecerles gran cantidad y variedad de trabajos, por lo general, muy aptos para su enseñanza en clase. Es lo que desde un principio requerí al autor.

Suele decirse que los jovencitos tienen cinco IES enemigas: la Incomprensión, la Irreflexión, la Indiferencia, la Irresponsabilidad, y la Inconstancia. Queremos que este libro sirva de ayuda para iniciar a vencerlas, porque muchas páginas les incitarán seguramente a tratar de comprender y reflexionar cómo seguir esos procesos de plegado; cómo acometer esos sencillos trabajos por su cuenta y cómo continuar en ello buscando mayores metas.

Leyendo esas "Notas de interés histórico", verán los principiantes con cuánta ilusión se recibió la PAJARITA ya en la Edad Media, y cómo la afición perseveró en el camino iniciado por ella, a pesar de tanta incomprensión por parte de pedagogos y humanistas hasta mediados del siglo XIX. Y veremos cómo en los dos siglos siguientes hasta fue elevada por las nubes, en los fuselajes de los aviones más antiguos y hasta más modernos de algunos países. Don Miguel de Unamuno dijo en "Recuerdos de niñez y mocedad" (v. Obras completas. Afrodisio Aguado, S.A.- Madrid 1958) refiriéndose a la diversión de sus primeros años por el plegado de las pajaritas y luego continuada durante toda su vida: "LA AFICIÓN NACIÓ COMO NACE TODO LO DURADERO, LENTAMENTE".

Relacionándonos después con otros aficionados y hasta con otros libros y Asociaciones de papiroflexia, veremos el vigor que la papiroflexia tiene ya en los más avanzados países, y cómo es ya objeto de estudio de muchos esclarecidos talentos. Todo en un ejercicio constante y constructivo que no termina en sí mismo, sino que se abre también a muchas otras y complicadas disciplinas.

Al dedicar este libro a un público más extenso, confiamos en que merecerá tanta o mayor atención que los publicados precedentemente. El lector tiene la palabra.

EL EDITOR

PAPIROFLEXIA

Es el arte y, por lo mismo, la creación de figuras con una reconocible significación, mediante el plegado —preferentemente fijo— de una hoja de papel.

Este arte inspira sus normas en occidente, en la idea de creación de la nada. No podemos crear —evidentemente— de la nada; pero sí de casi nada.

Partimos de la forma plana, por ser la más parecida a la nada en el mundo de las formas; del papel, por ser algo accesible a todos y de escaso valor; de su forma cuadrada preferentemente, por ser la más simple.

Nos servimos sólo de las manos, para evitar el uso de instrumentos salvo en casos muy especiales. Consideramos el uso de las manos como el recurso mínimo necesario.

Plegamos porque consideramos que es la mínima modificación que podemos hacer en una hoja de papel. Juzgamos auténticamente papirofléxico al plegado FIJO; es decir, el que toma como referencia dos puntos fijos del papel; por ejemplo al plegar por una diagonal o por una bisectriz, por una tercera parte, etc. El plegado ARBITRARIO se tolera excepcionalmente. Una figura hecha mediante plegados arbitrarios, sería imposible repetirla igual de memoria, salvo usando instrumentos de medida; y como dijimos, éstos se excluyen —por principio— en Papiroflexia.

Partiendo de un mínimo de recursos, tratamos de inventar las formas más ambiciosas: figuras con movimiento, con gran realismo, con increíble complicación y perfección, etc.

Al estar hechas preferentemente mediante plegados fijos, podemos retener sus procesos en la memoria; o tomarlos como referencias para superarlos o perfeccionarlos. De esta forma podemos decir que el arte "avanza" objetivamente.

Todos podemos inventar figuras que sorprendan a los demás. Sólo en el caso de aquellas que exigen un complicadísimo planteamiento o meticulosísima manipulación, podemos considerarlas objeto de mentes especialmente privilegiadas o cultivadas.

Generalmente suele aceptarse la creación de una figura, como construcción formada por la invención de unos módulos o partes que se ensamblan entre sí. En principio, es superior la figura realizada mediante el plegado de una sola hoja de papel; pero el uso de módulos o piezas independientes permite contrastar colores de diferentes papeles, y conseguir figuras de especial complicación de forma "limpia" y natural o no artificiosa. Tales figuras compuestas de módulos o piezas pueden ser un reto para tratar de conseguirlas mediante el plegado de un solo papel.

El proceso de plegado de cada figura se muestra mediante una sucesión de dibujos paso a paso, y mediante unos signos o símbolos admitidos internacionalmente. Dicha exposición gráfica constituye como un idioma internacional que todos podemos entender fácilmente.

La papiroflexia ofrece la posibilidad de disfrutar de la imaginación creadora, y también la de reproducir y contemplar figuras que han sido inventadas por otros. Y esto en medio de muy variados lugares o circunstancias: en el tren, en la montaña, en una sobremesa, etc. Permite asimismo la posibilidad de regalar objetos normalmente de poco coste, a quienes pueden apreciarlos como obras del ingenio y de la habilidad.

En oriente, ya desde antiguo fascinaba la contemplación de una hoja de papel con su perfección; y aplicaban la imaginación y la habilidad, para añadirle nuevo encanto. En la actualidad, hemos llegado prácticamente a un arte común a todos.

No faltan quienes tratan de incluir nuevos recursos que la afición universal irá considerando. Aquí trato sólo de exponer unos principios en toda su pureza.

SEGUNDO GRADO

Aunque en un comienzo dijimos que no vale utilizar más recursos que el del plegado, me he permitido sólo en algunos casos muy concretos la utilización del pegado y hasta algún cortado sólo a modo de licencia. Cuando progresemos en la afición, deberemos desterrar tales recursos. Por supuesto, hay magníficas figuras en las que se utilizan; pero quedan siempre fuera de lo "ortodoxo".

Al comenzar a plegar una figura, vemos marcadas en el primer dibujo o paso algunas "cicatrices" o señales de pliegues que pueden desconcertar al principiante. ¿Qué significan? ¿Por qué están ahí?... Se han puesto para ahorrarnos pasos intermedios, con los que hubiéramos tenido que reducir el contenido del libro, o empequeñecer los dibujos. Comenzaremos por marcar en nuestro papel esas cicatrices, haciendo previamente los pliegues necesarios. Esto se nos llegará a ocurrir de forma automática. Sería fastidioso incluir dibujos fácilmente prescindibles, como sería fastidioso que en cada puerta se nos pusiera un letrero que dijera "girarla para entrar o para salir".

El plegado de cada figura debe suponer siempre para el principiante un pequeño esfuerzo. Sólo así ejercitará unas facultades.

Muchas de estas figuras fueron inventadas por maestros acostumbrados a la enseñanza de los trabajos manuales en las escuelas. Pensemos que la enorme cantidad de cultivadores de la papiroflexia en casi todo el mundo no contaron con tantas facilidades como nosotros. Nosotros podremos un día superarles.

Tengamos en cuenta que no todo termina en la capacidad de plegar las figuras de este o de los otros libros; después viene nuestro propio "despegue"como inventores de nuevas figuras. Podemos empezar por idear nuevas aves o variaciones de módulos; podemos partir de las bases de plegado que en el libro se muestran; podemos iniciar el plegado de alguna figura del libro, para apartarnos seguidamente del proceso indicado, siempre en aras de nuestra propia imaginación. Podemos empezar por proponeros reproducir algún objeto concreto, y tratar de resolver las dificultades que nos planteará. Todos los caminos valen para la propia creación; lo importante es "llegar" a un buen resultado.

El libro es un medio, un instrumento, una guía; el esfuerzo lo hemos de poner nosotros por conseguir plegar bien las figuras que se indican. Ninguna alcanza un alto grado de dificultad. Muchas son sencillas. Vimos una (San Nicolás, Papá Nöel o Santa Claus) que se realiza con dos únicos pliegues y fijos. ¿Qué más se podría obtener con menos medios? Podemos también memorizar el plegado de las figuras que nos parezcan más interesantes, para conseguir reunir nuestro propio repertorio.

Evidentemente no todos tendremos unas mismas aficiones, o una misma facilidad para iniciarnos en ésta o en otra afición; pero a todos será siempre útil ejercitar nuestra habilidad y nuestra coordinación cabeza-manos. Esto nos lo dijo ya Fröebel hace casi dos siglos.

Pensemos que nuestra afición no está reñida con ninguna profesión. El famoso paleontólogo catalán don Luis Pericot plegaba figuras para los hijos de sus colegas, y no digamos don Miguel de Unamuno, rector de la Universidad de Salamanca. Hacer sólo y rutinariamente unas mismas figuras simples podrá tener no mucho interés; mejorar nuestro repertorio y ejercitar nuestra creatividad será siempre mucho mejor.

Si nos fijamos de cerca en la corriente de un río, veremos que sólo la materia muerta es llevada por la corriente; los seres vivos van remontando la corriente, y precisamente el esfuerzo les hace fuertes.

Cuando superemos este segundo grado, podremos entrar en grados superiores de dificultad. Entonces podremos plegar figuras de mucho mayor ingenio. ¿Quién nos diría que plegando un papel se puede plegar un YO-YO de enorme perfección, o una variedad de ROSAS a cuál más realista, o toda clase de INSECTOS apenas distinguibles de los naturales? ¡Pues hay todavía mucho más!

Don Vicente Solórzano llamaba a las papirolas FLORES DEL JARDÍN DE LA GEOMETRÍA; creo que podríamos llamarlas también JOYAS DEL INGENIO Y DE LA HABILIDAD, joyas que muchos nos agradecerán y conservarán siempre con enorme afecto.

SÍMBOLOS

Plegando las figuras sencillas que vienen a continuación, veremos claramente muchos ejemplos prácticos de la aplicación de estos signos.

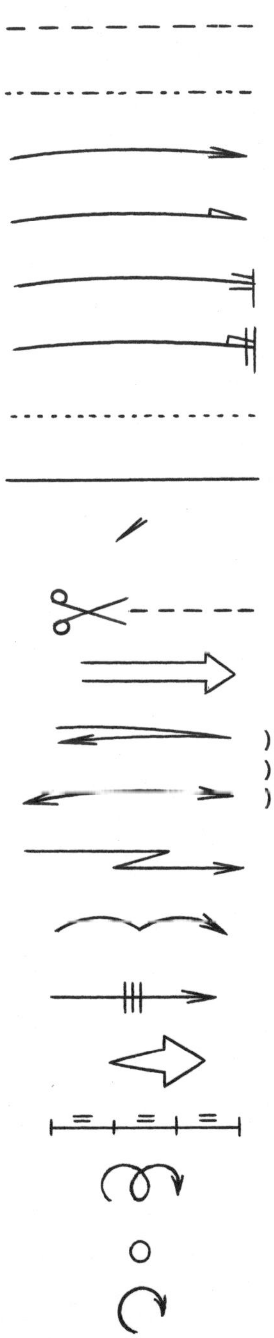

Plegado en VALLE.

Plegado en MONTAÑA.

Doblar hacia delante.

Doblar hacia atrás.

Doblar hacia delante y adentro.

Doblar hacia atrás y adentro.

Visto por transparencia.

Cicatriz, señal dejada por un pliegue.

Hundir.

Cortar.

Desplegar.

Dos formas de indicar: plegar y desplegar.

Plegado escalonado.

Plegado voltcado.

Repetir el plegado tantas veces como líneas transversales. Aquí tres veces.

Se amplia el dibujo siguiente.

División en partes iguales.

Dar la vuelta a la figura.

Punto de referencia.

Girar la figura.

ALGUNOS EJEMPLOS

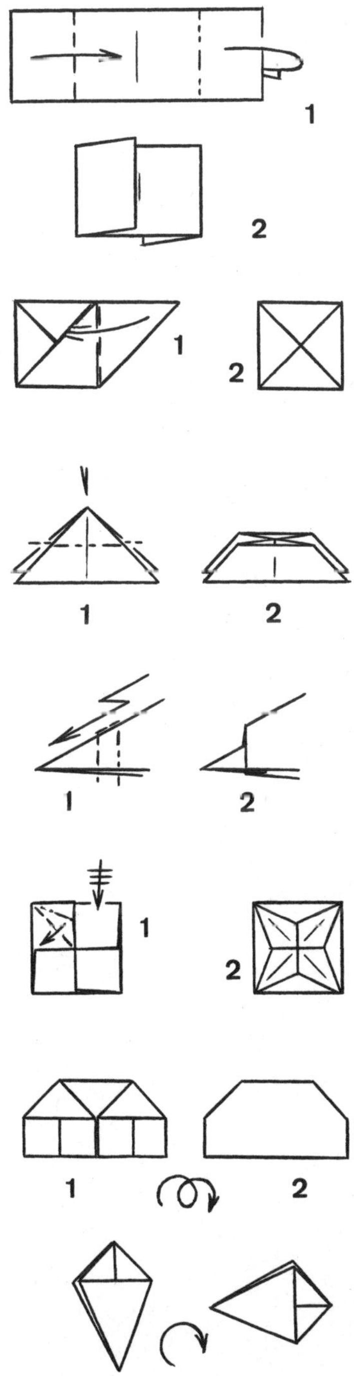

CAJA DE DULCES

Tradicional japonesa

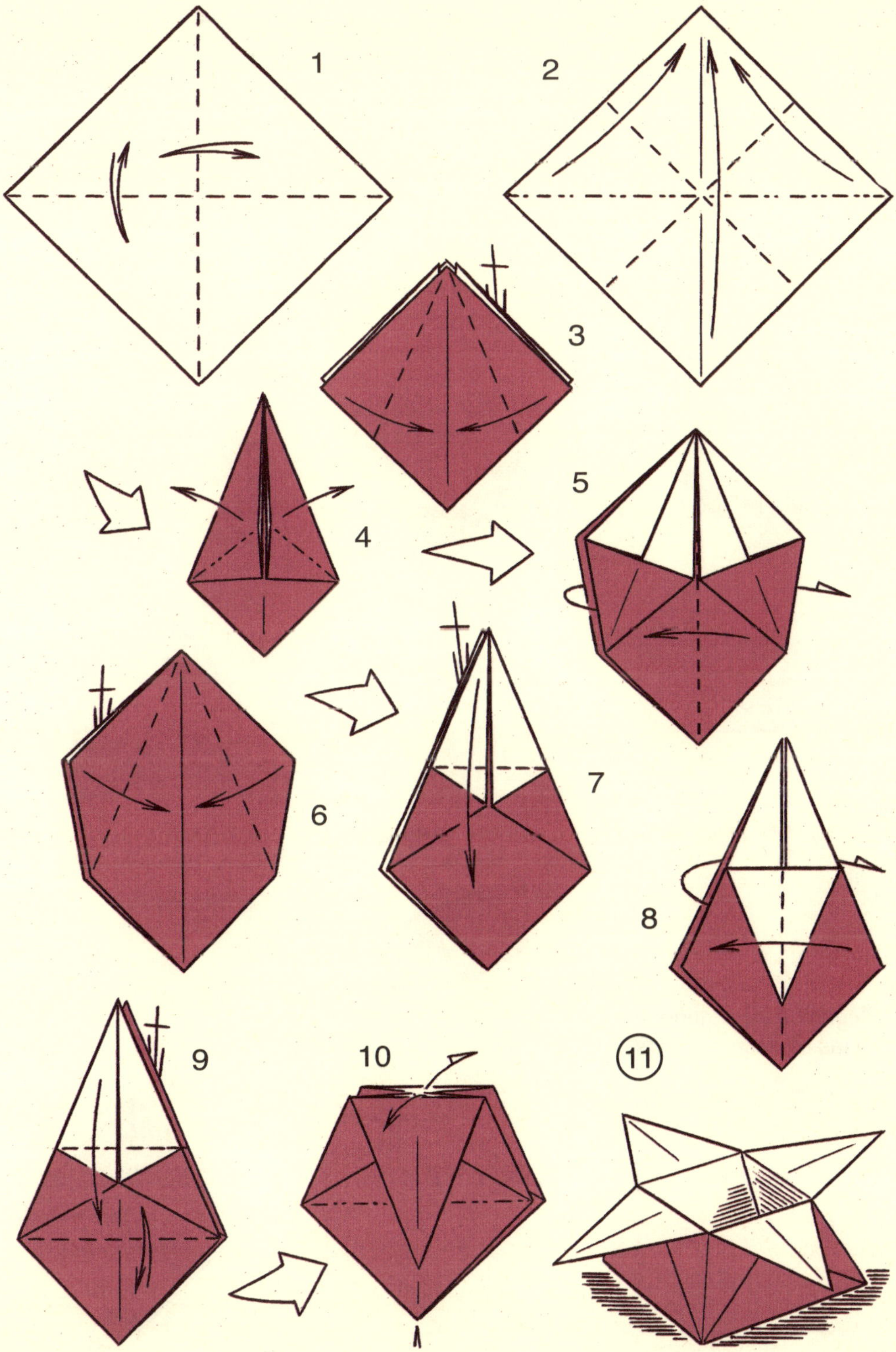

BIRRETE ACADÉMICO CUADRADO

Por GAY MERRILL

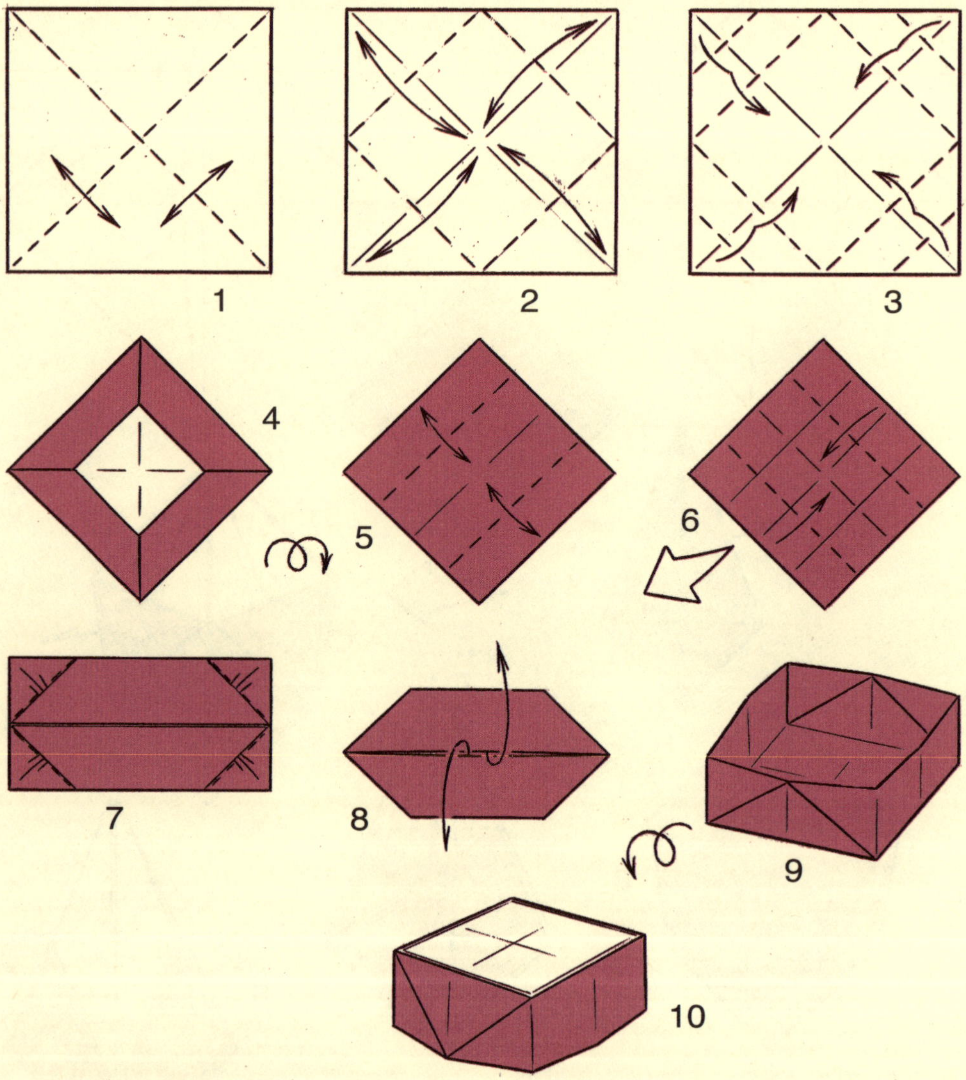

Plegamos un segundo cuadrado
de las mismas medidas.

4

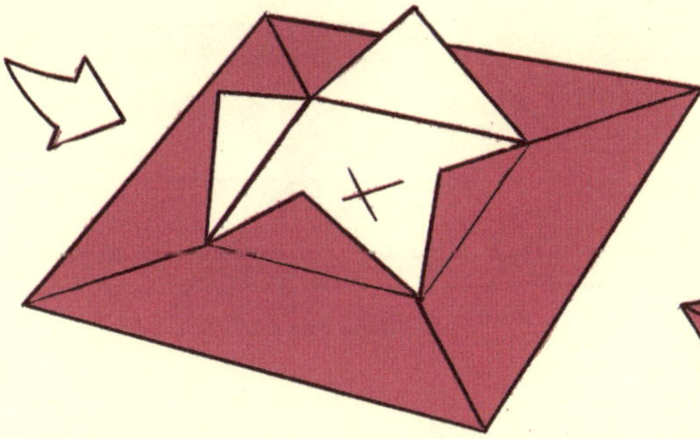

5

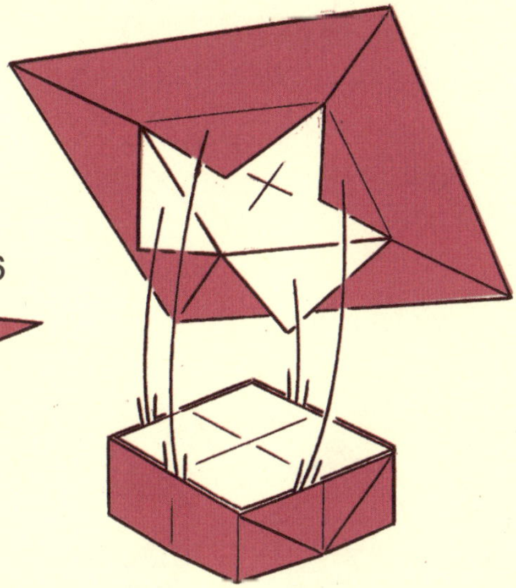

6

7

CORAZÓN

Por FRANCISCO J. CABOBLANCO

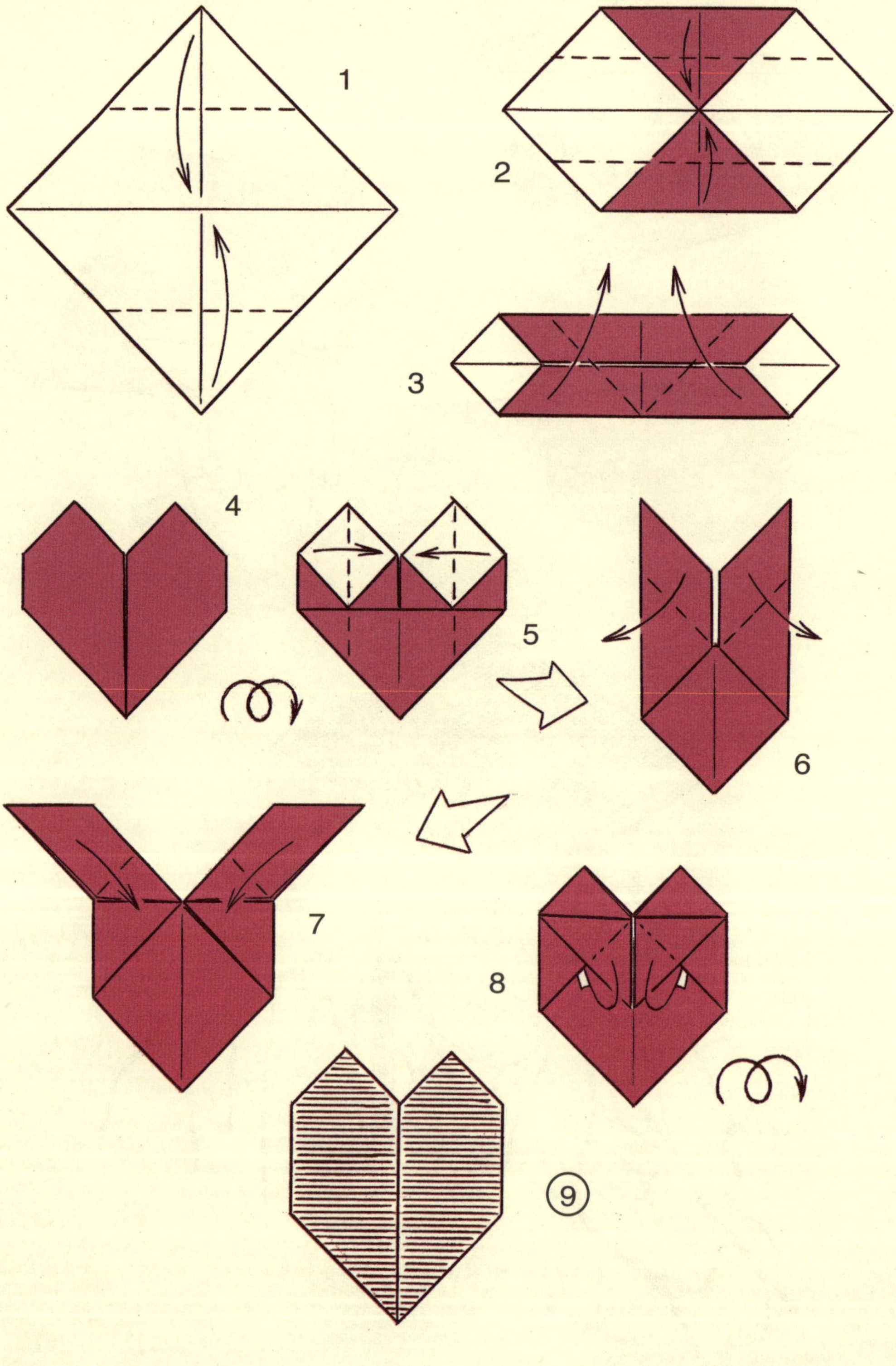

AVIÓN LANZADERA "COLUMBIA" Por FCO. J. CABOBLANCO

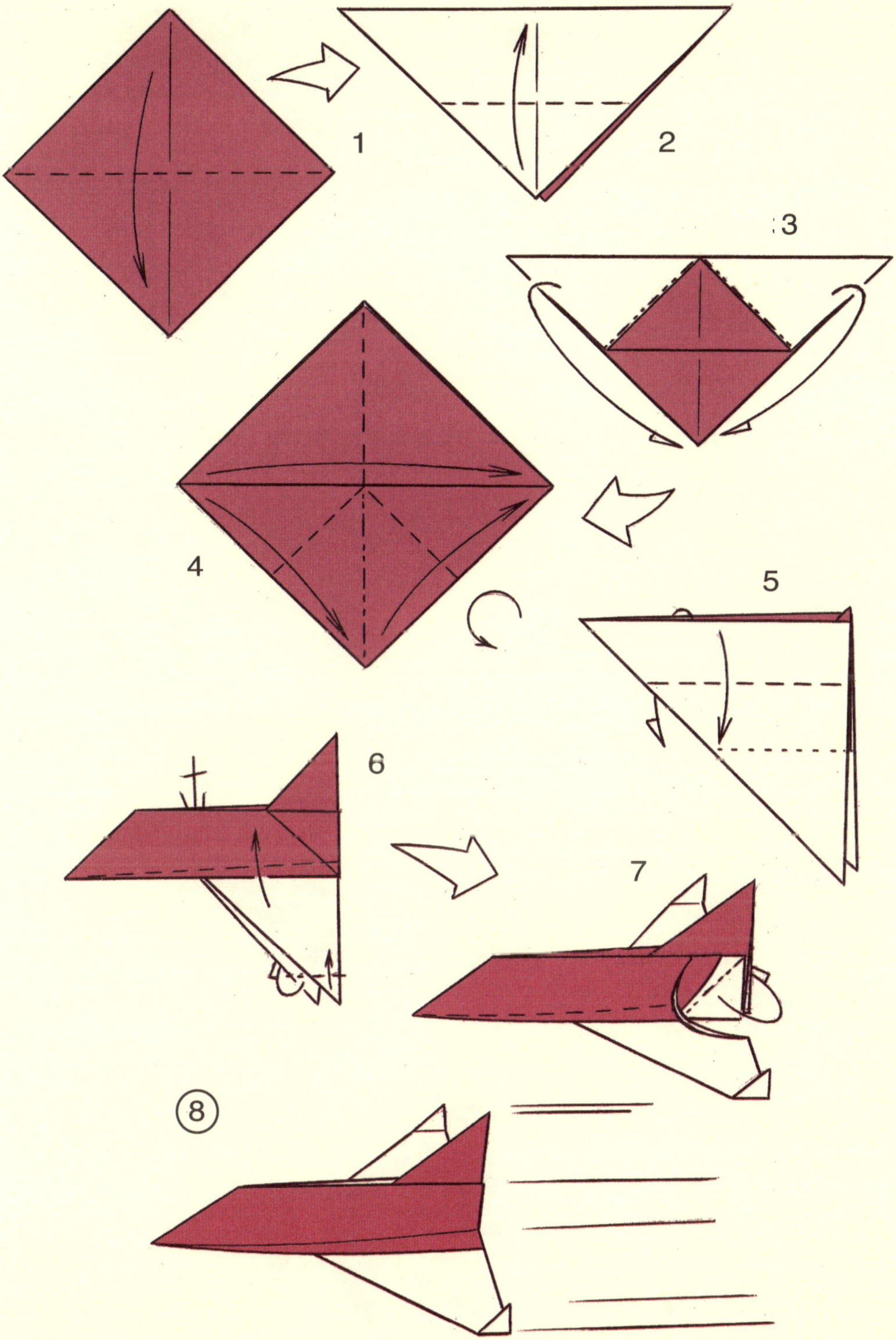

TOCADO ORIENTAL

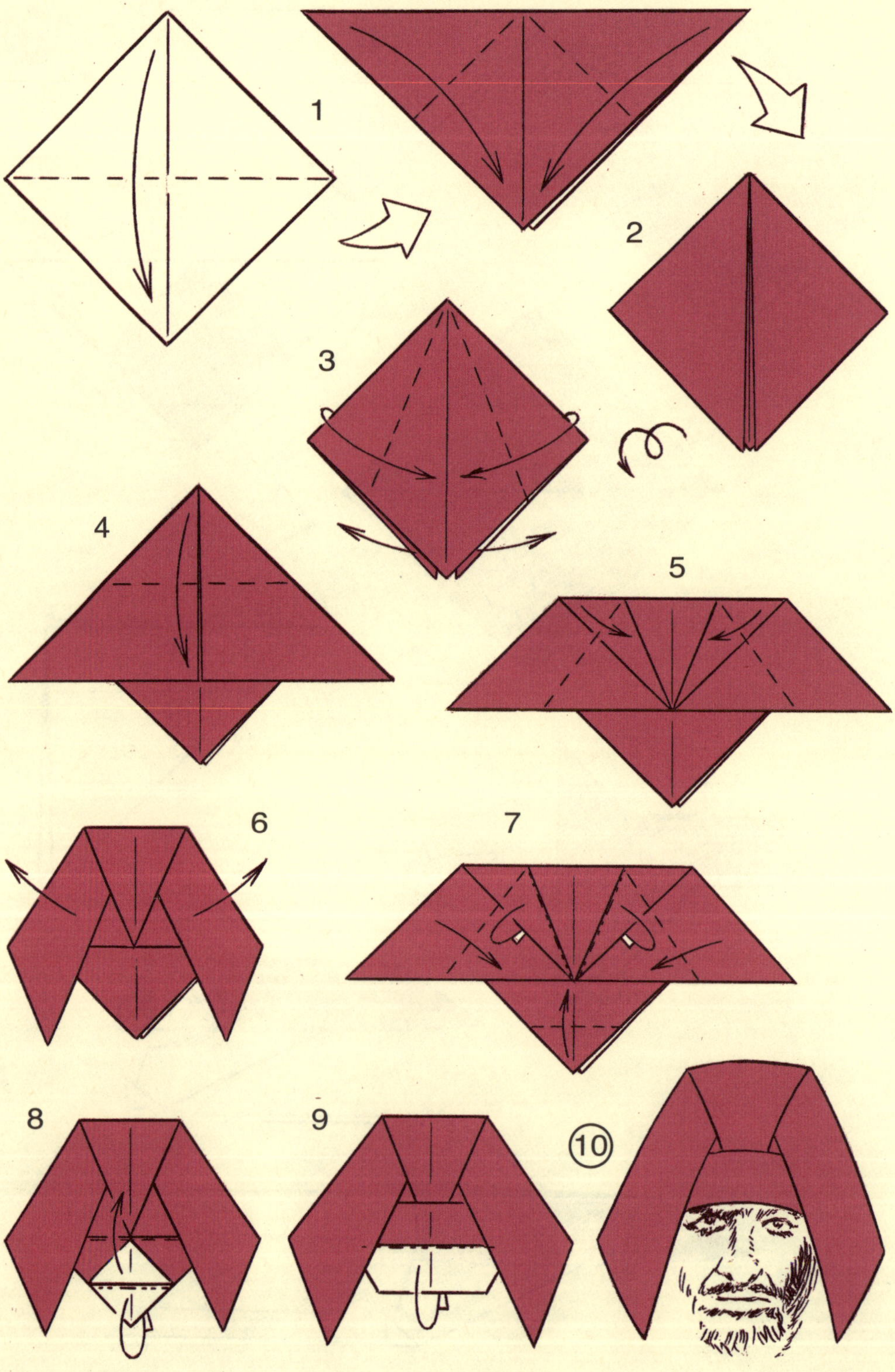

PORTA - DOCUMENTOS **Por FIORETTA CORTI**

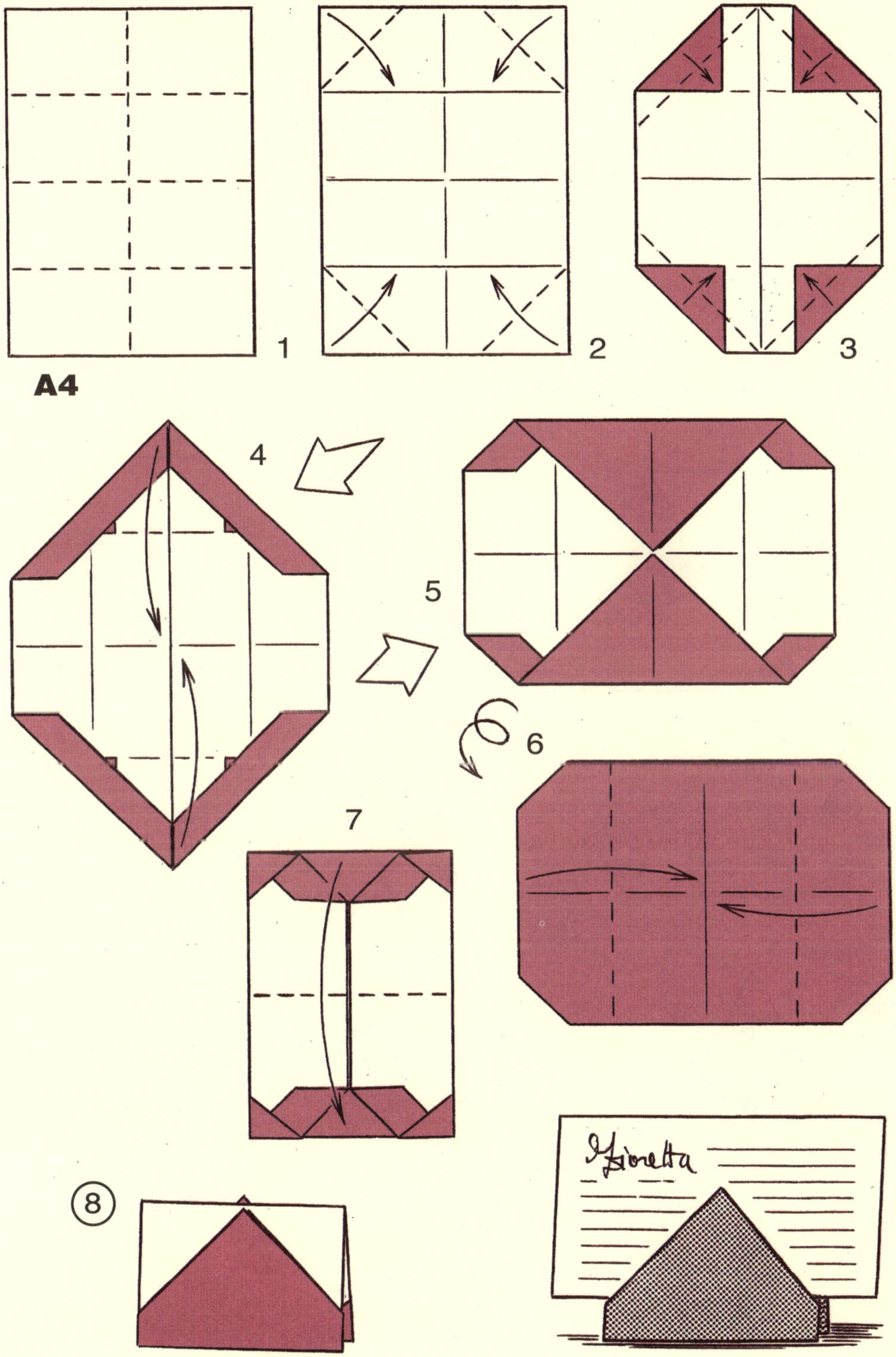

ESTRELLA DE TRES MÓDULOS

Por FIORETTA CORTI

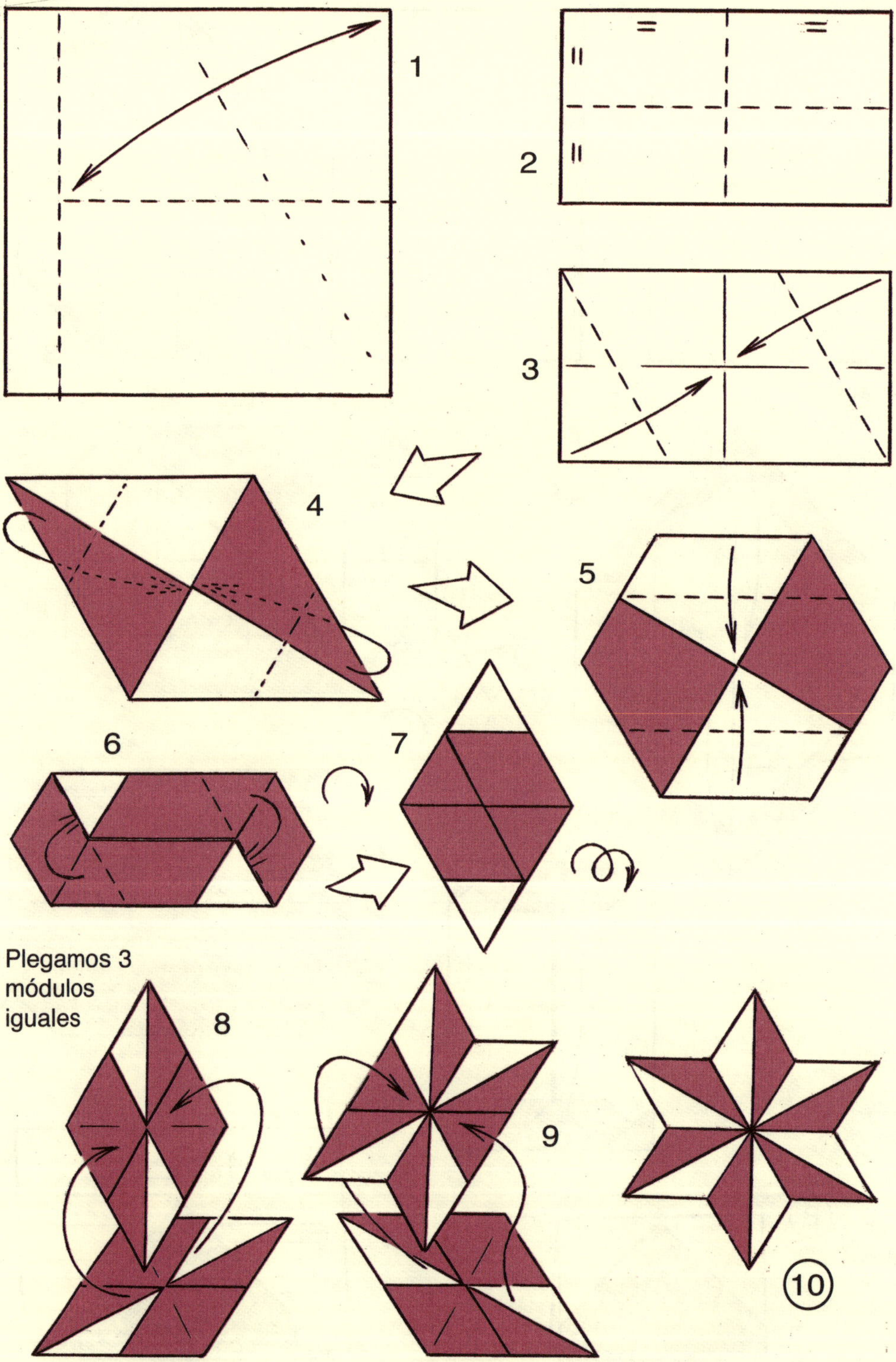

GAVIOTA

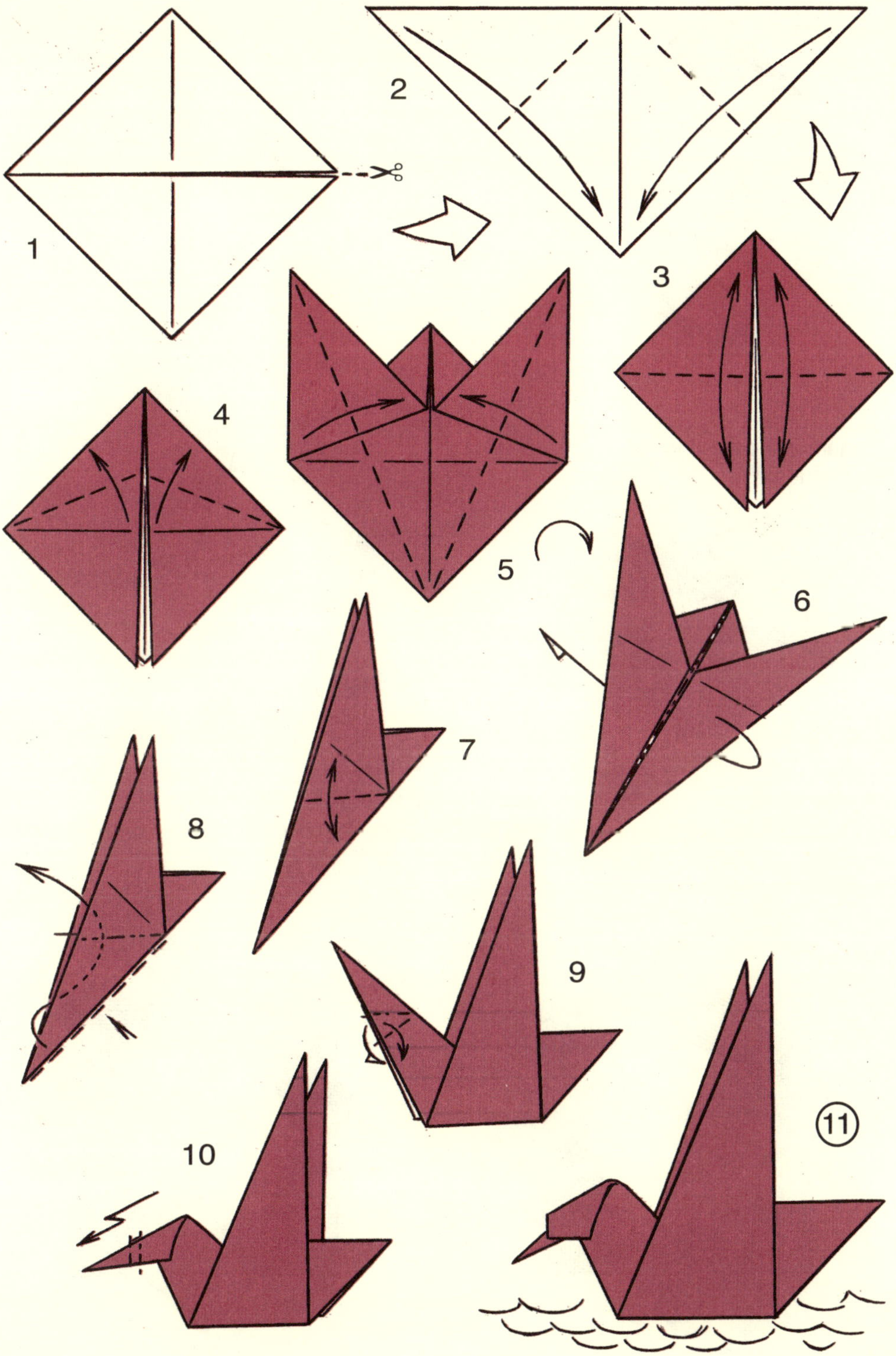

MARCO OCTOGONAL MODULAR

Por JOSÉ MEEUSEN
(25 Nov 1994)

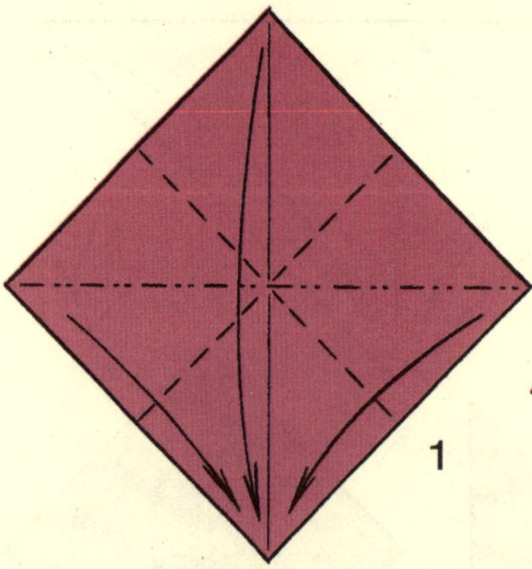

1

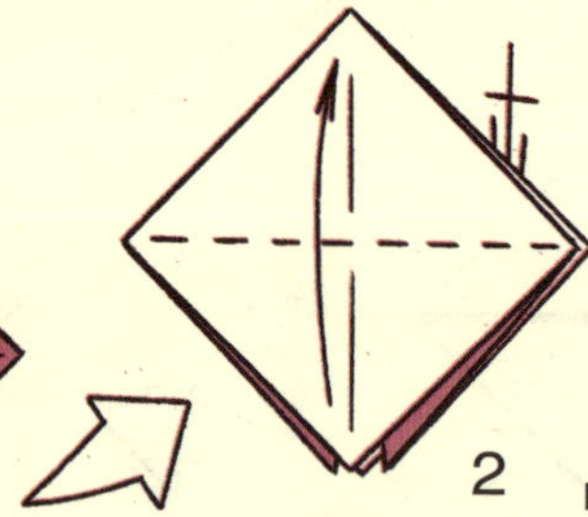

2

módulo:

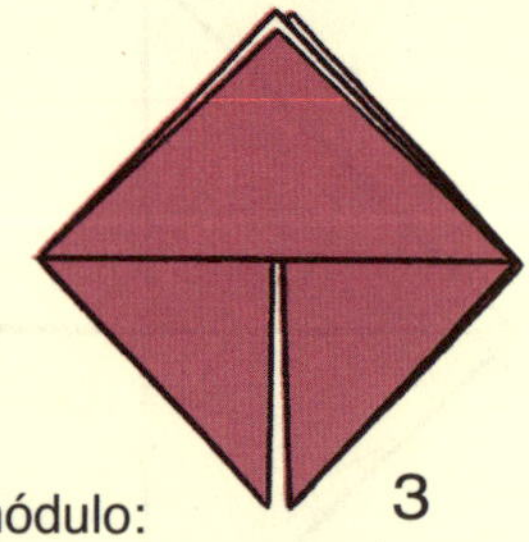

3

Plegamos 8 módulos y
los unimos así:

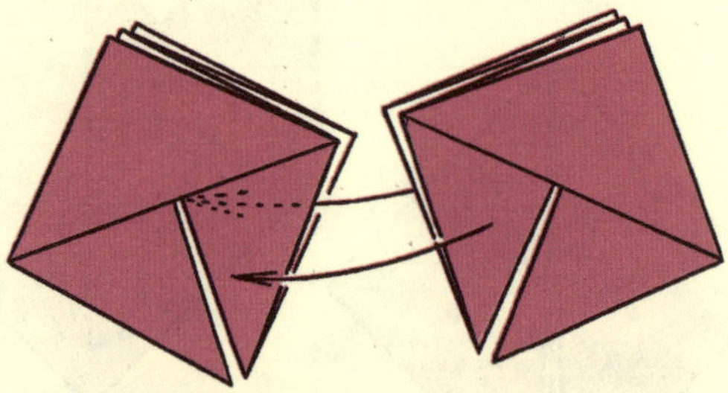

4

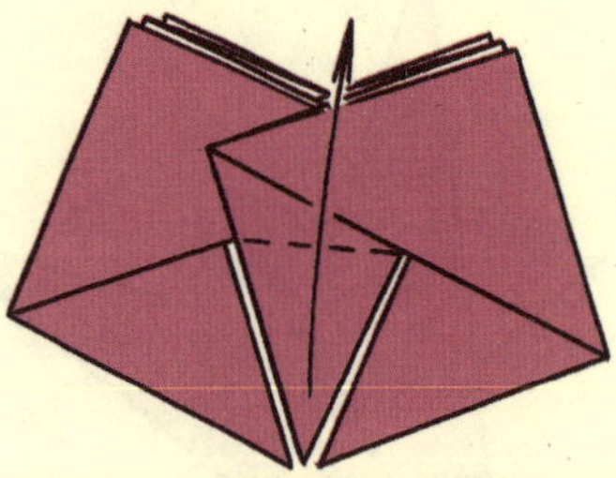

5

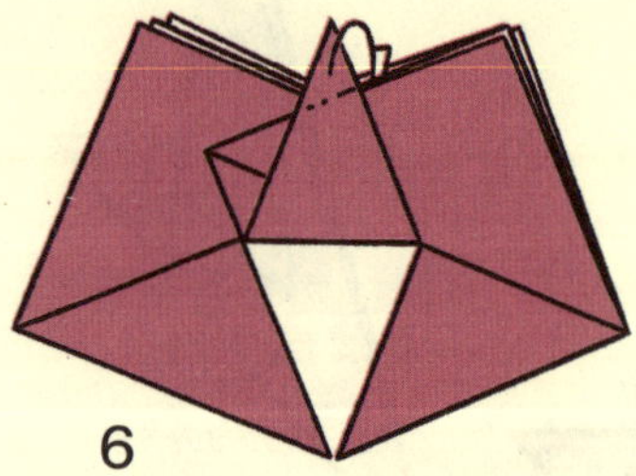

6

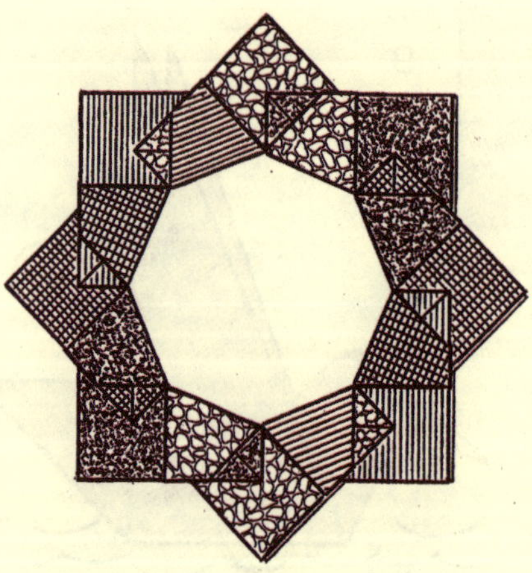

⑦

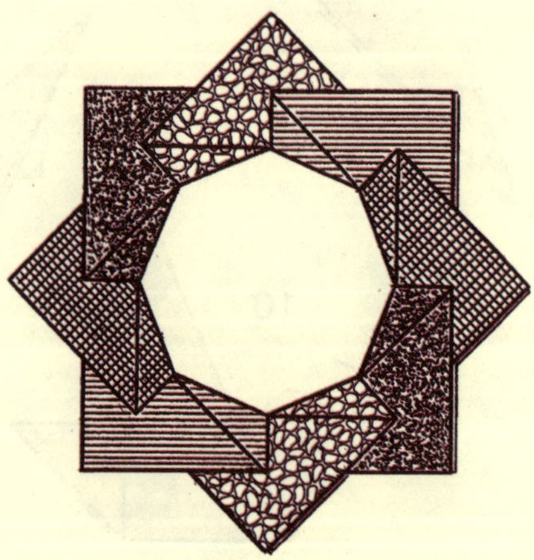

LECTORA

Por Fco. J. Caboblanco

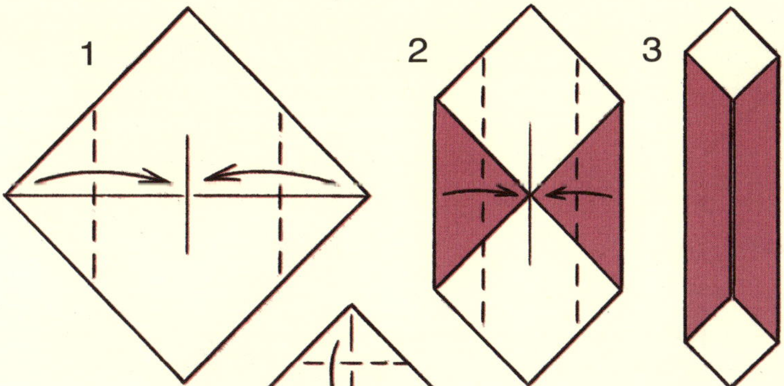

En la fig. 1:

El lado superior nos dará la cara de la LECTORA.

El reverso nos dará la cabellera con su color.

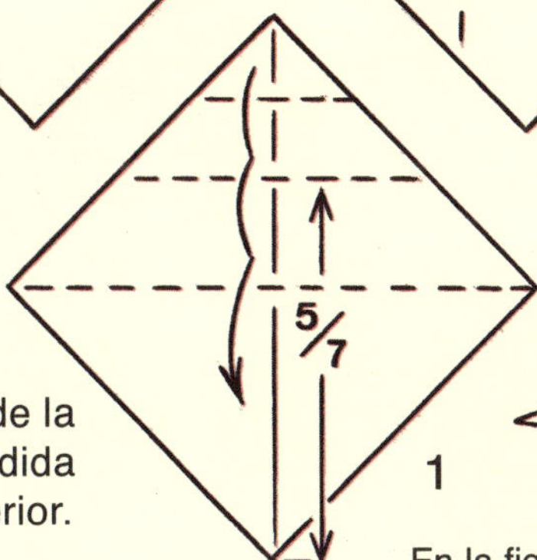

Cuadrado de la misma medida que el anterior.

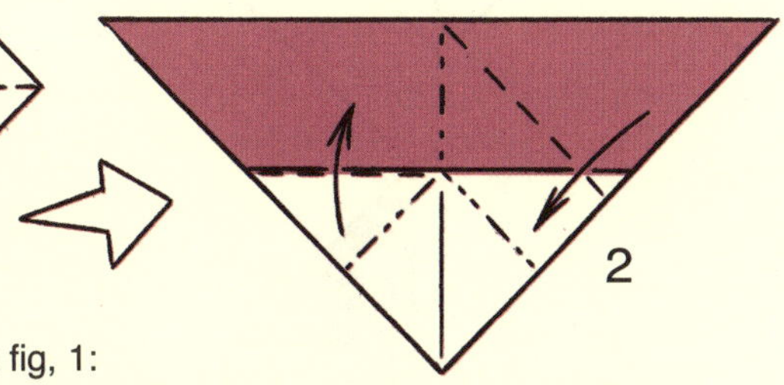

En la fig, 1:
El lado superior nos dará el color del papel que tiene la LECTORA en sus manos; en este caso BLANCO.

El reverso nos dará el vestido con su color.

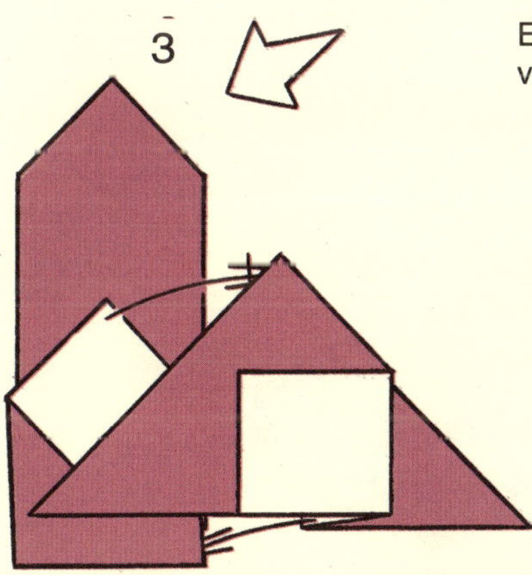

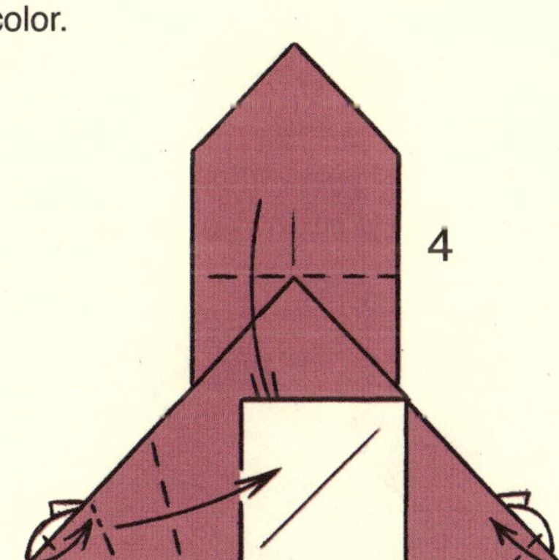

CARA DE GATO

Por YOSHIHIDE MOMOTANI

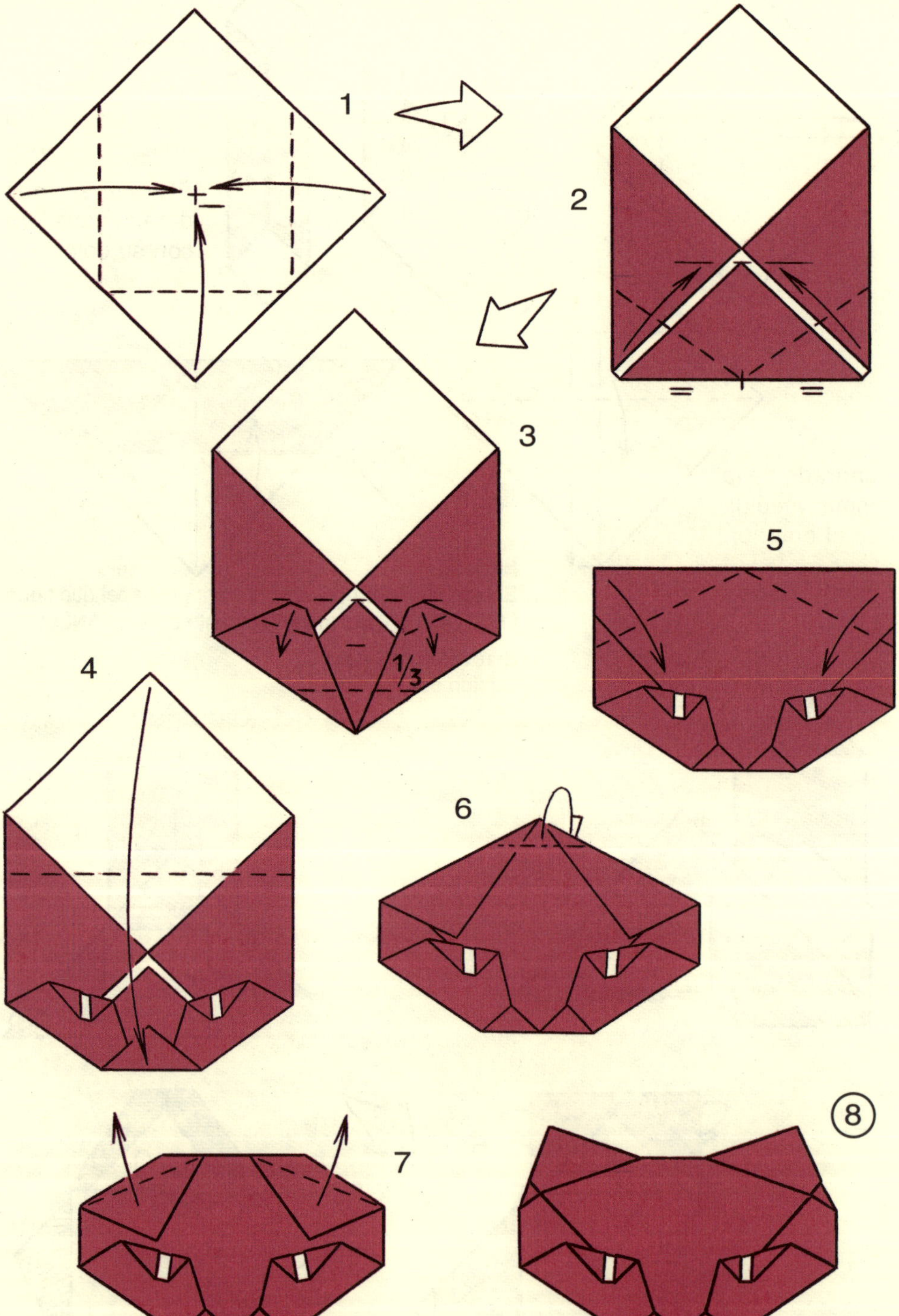

CUBETA

Por FCO. J. CABOBLANCO

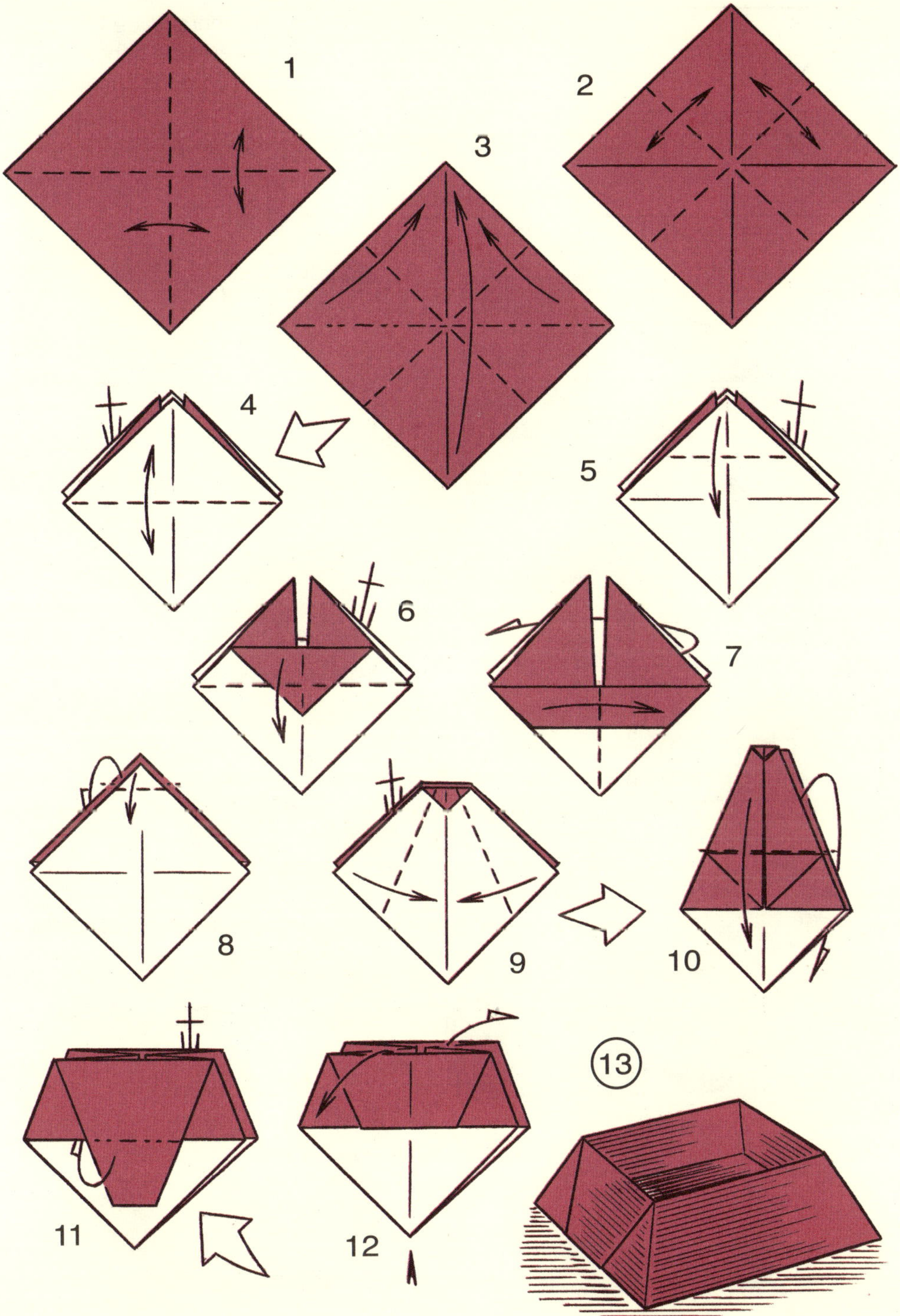

PATO MANDARÍN

Por GAY MERRILL (EE.UU.)

7 x 3 Proporción de los billetes de banco, en Estados Unidos.

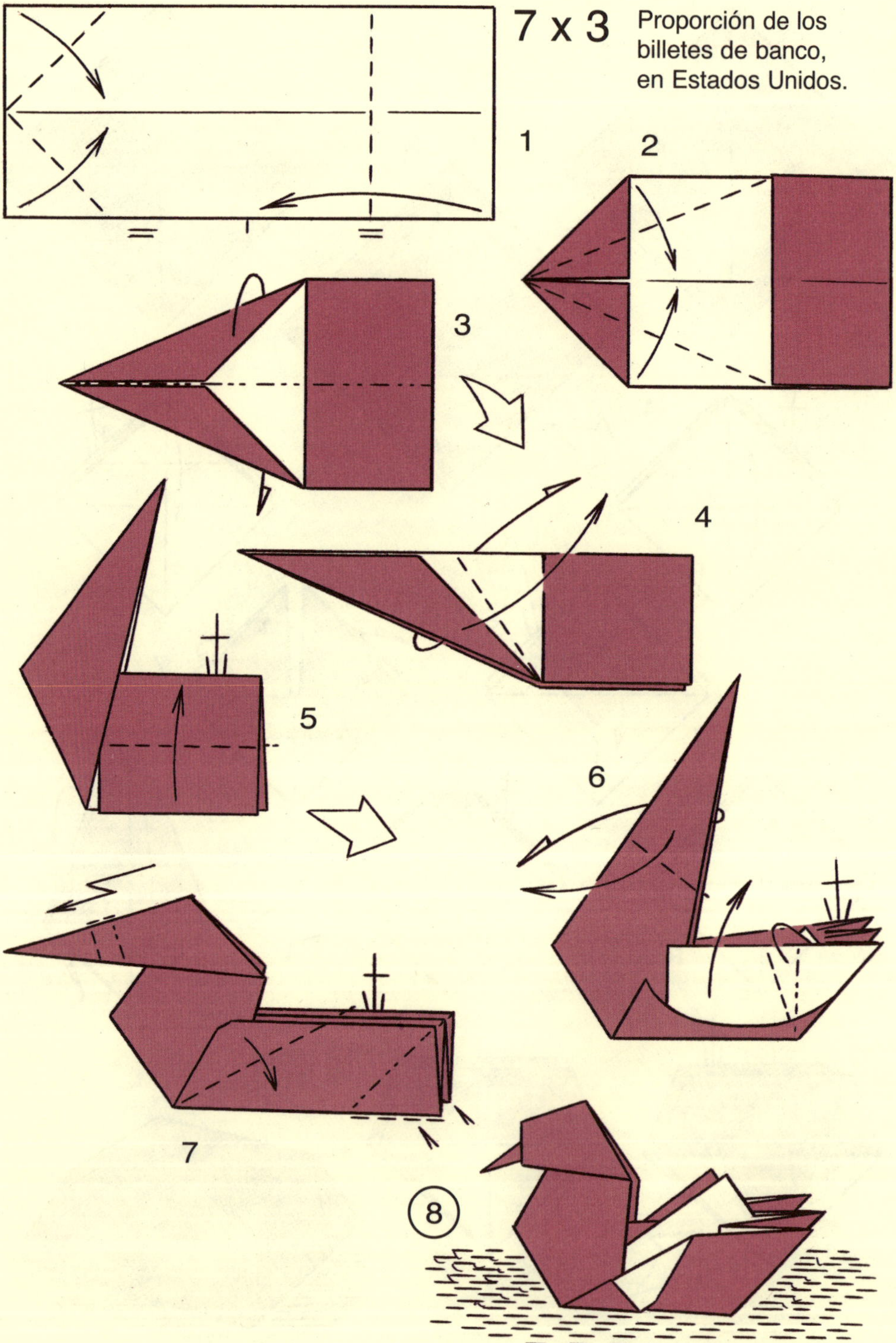

CAJA CON VOLANTES

Por FCO. J. CABOBLANCO

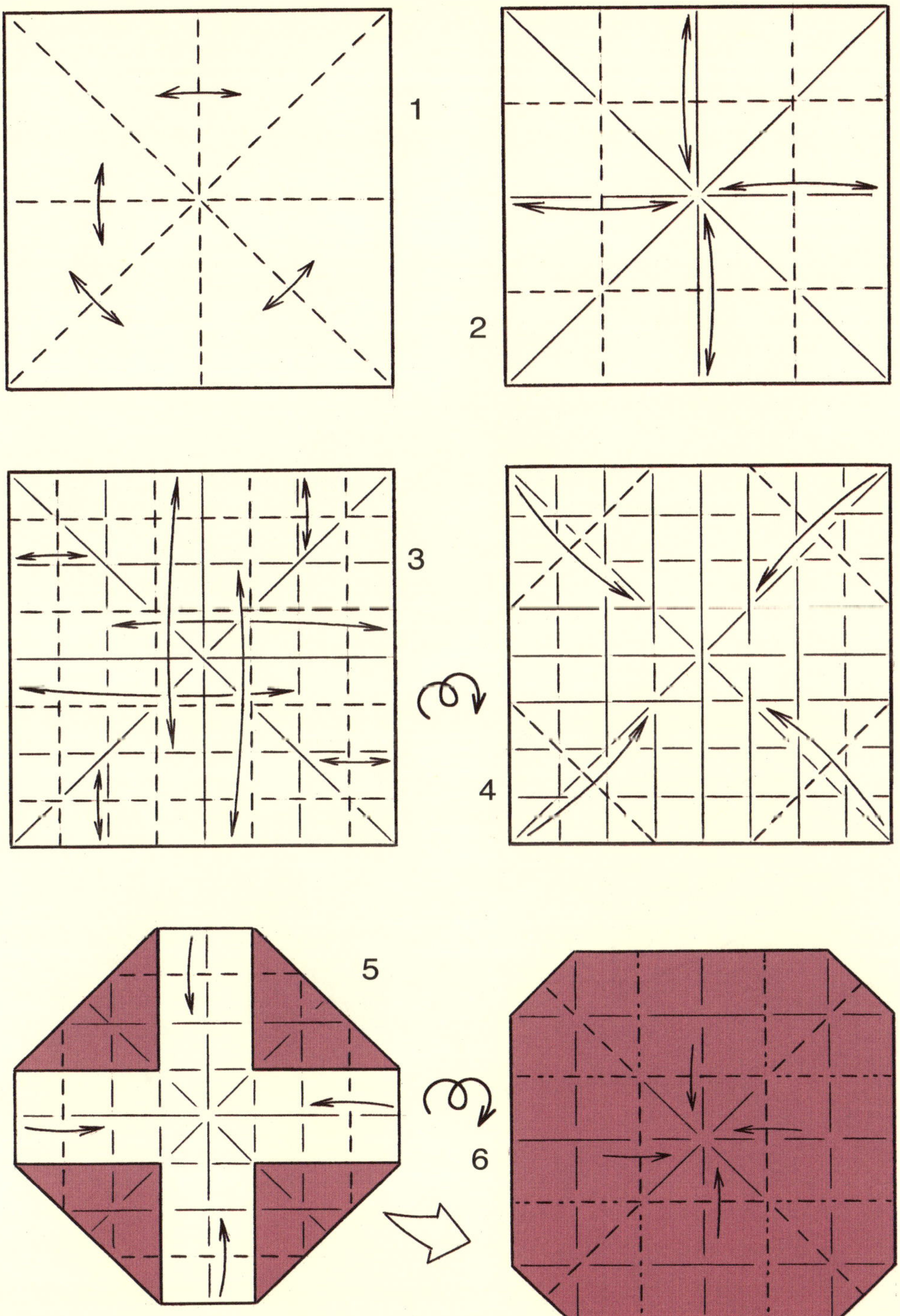

7

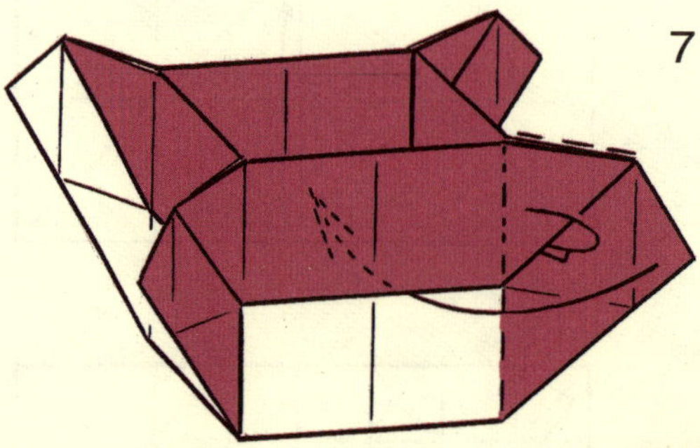

8

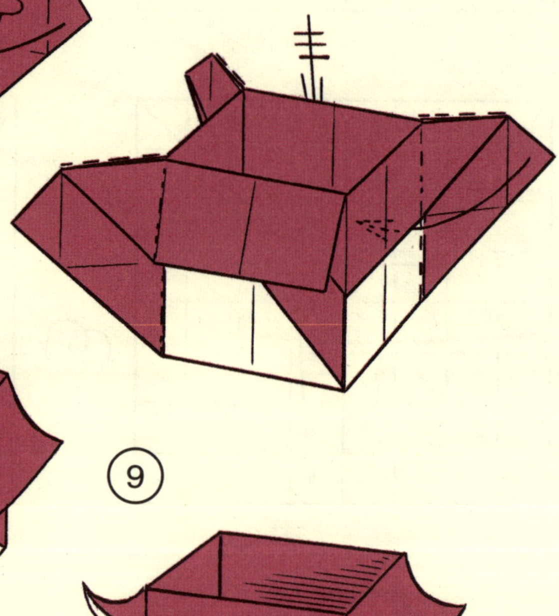

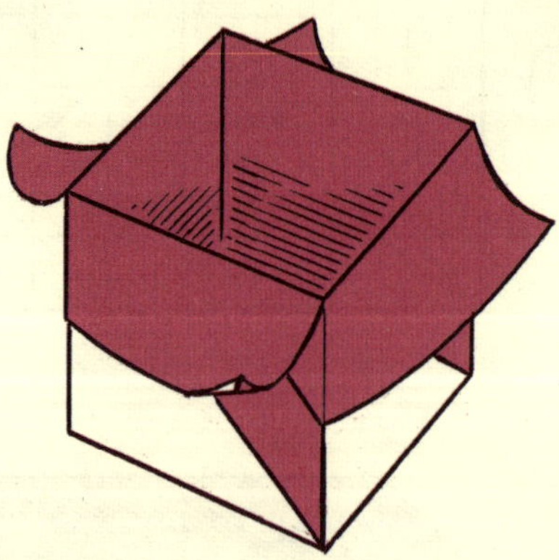

9

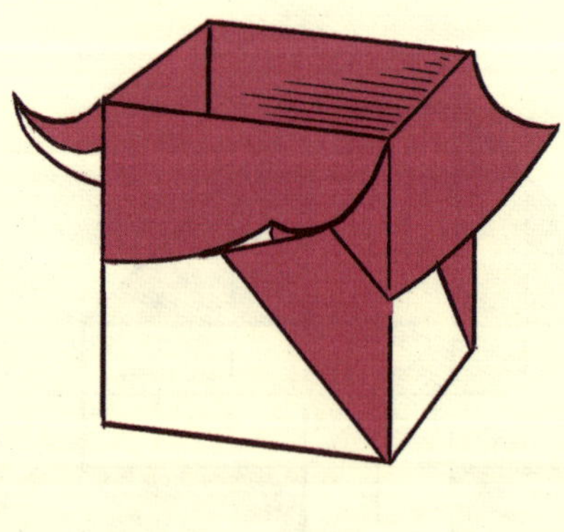

CORONA

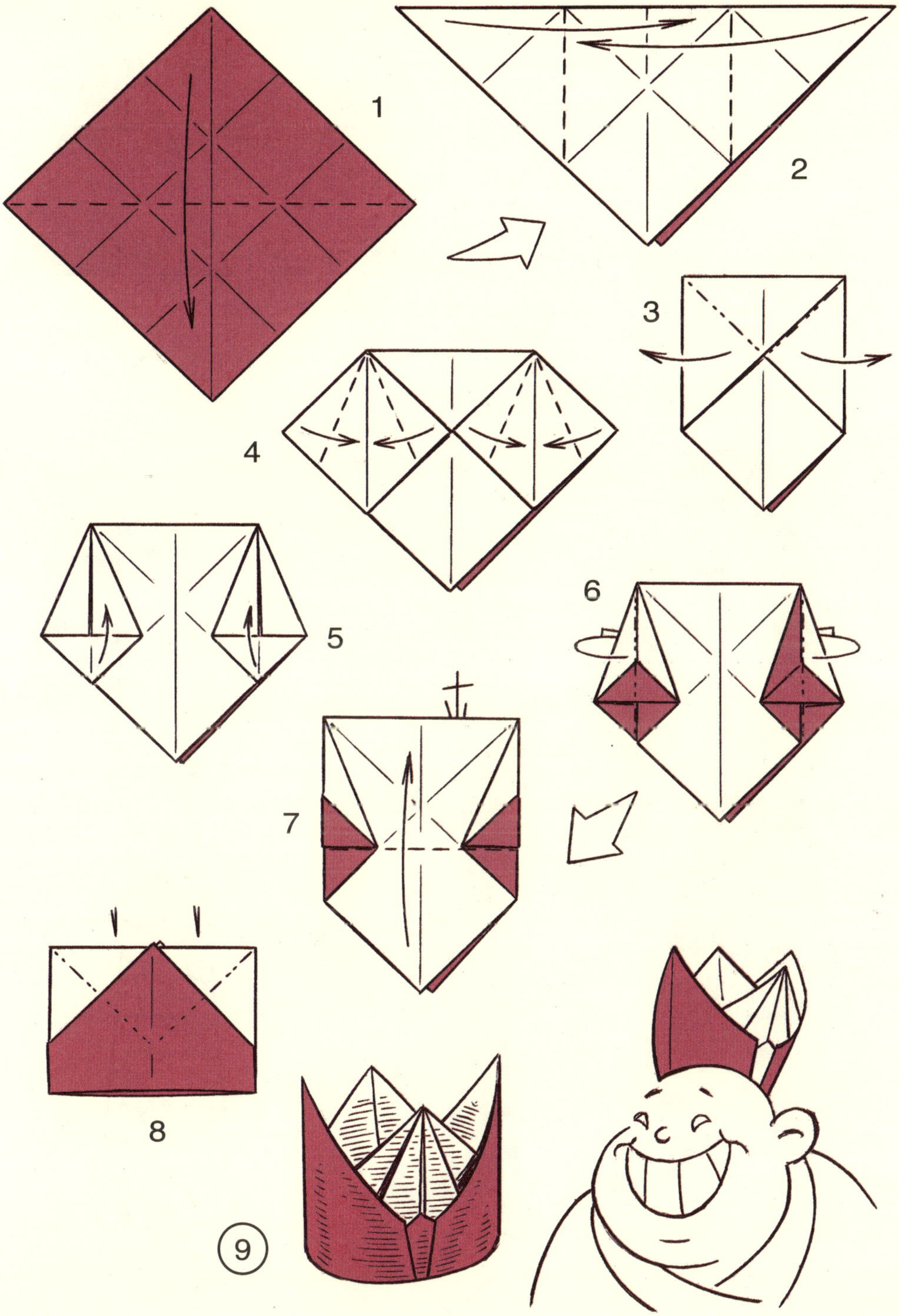

CORBATA

Por Francisco J. CABOBLANCO

GORRO CAMPERO

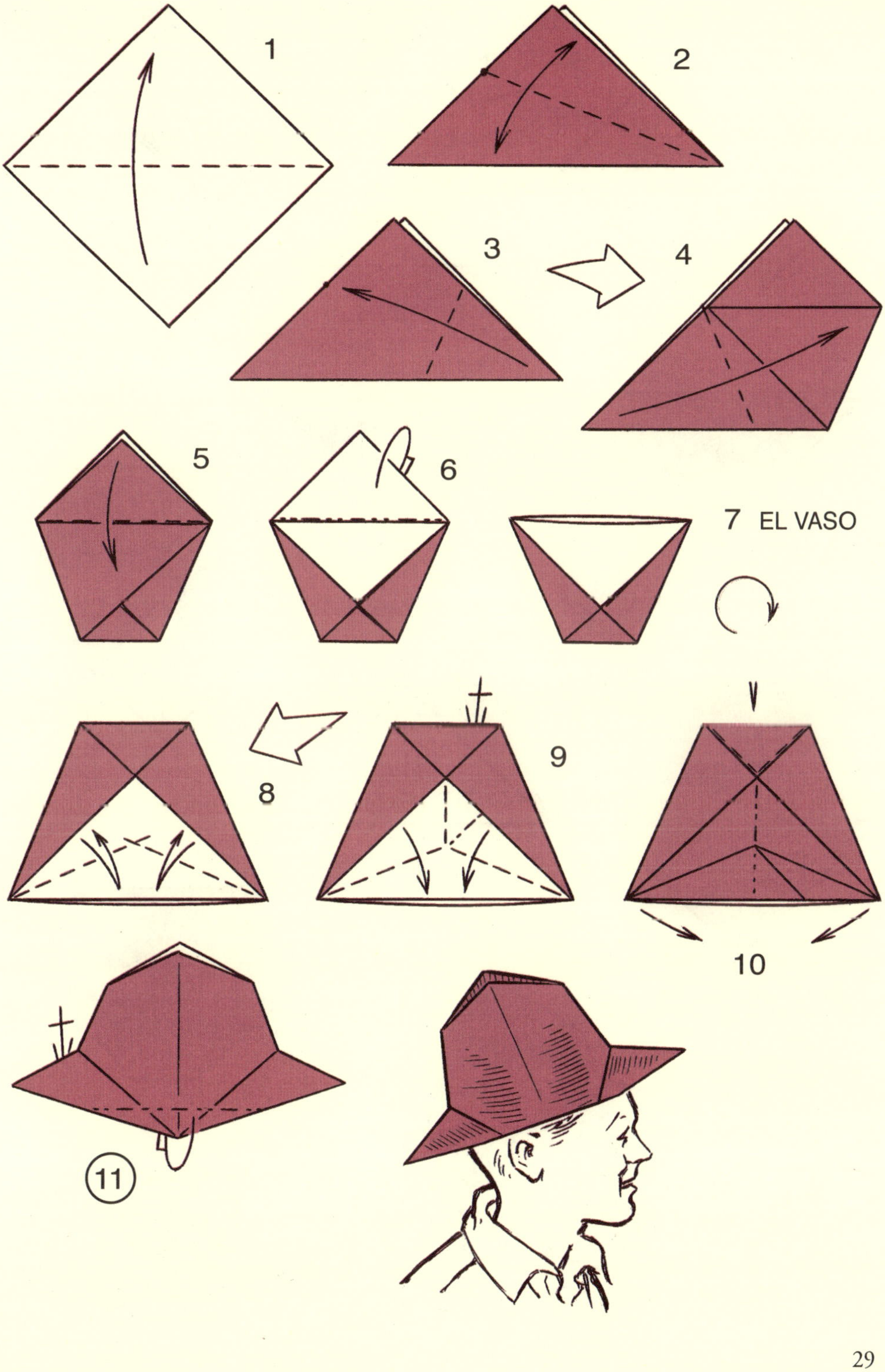

GORRO CON VISERA

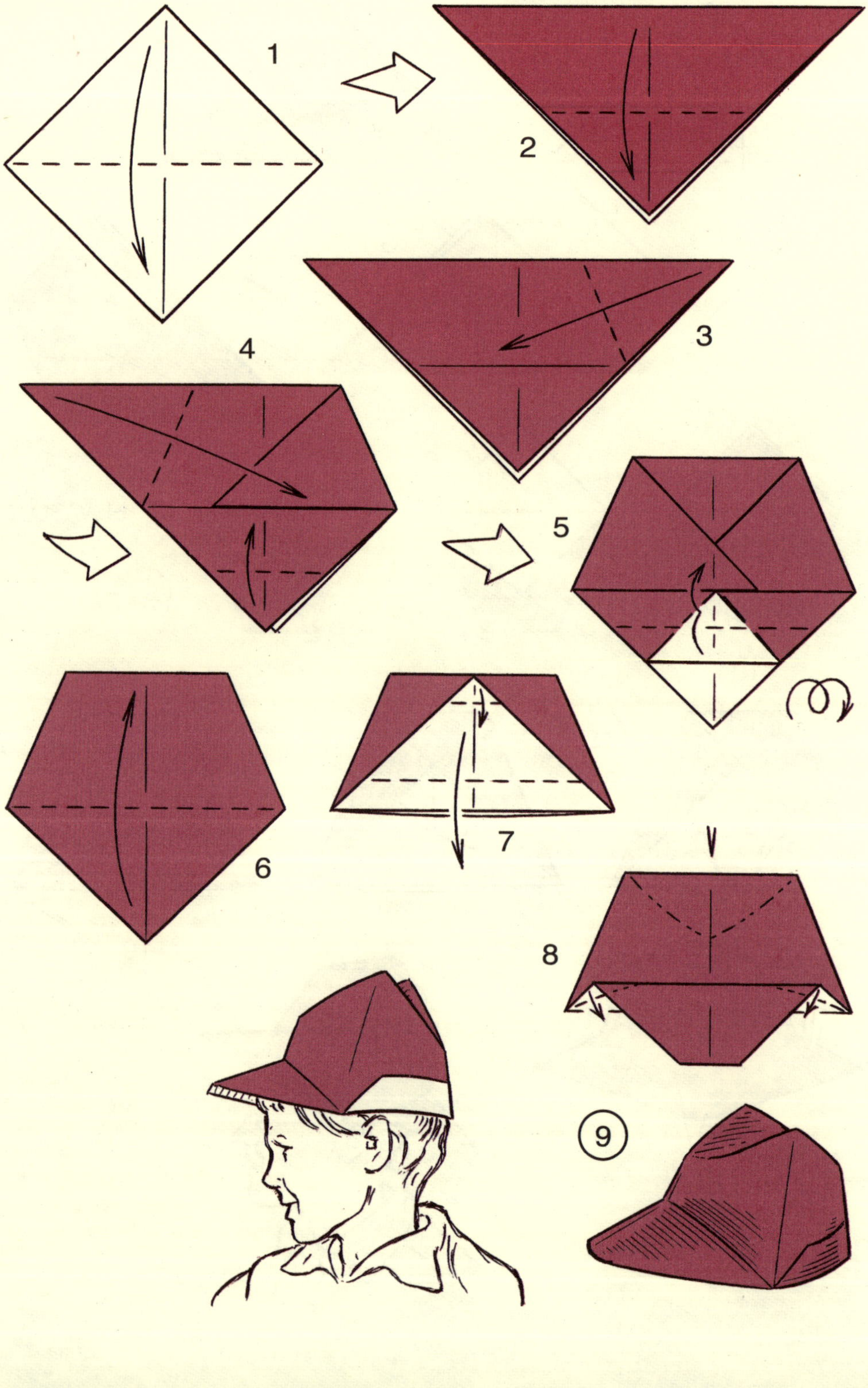

VELERO - 1

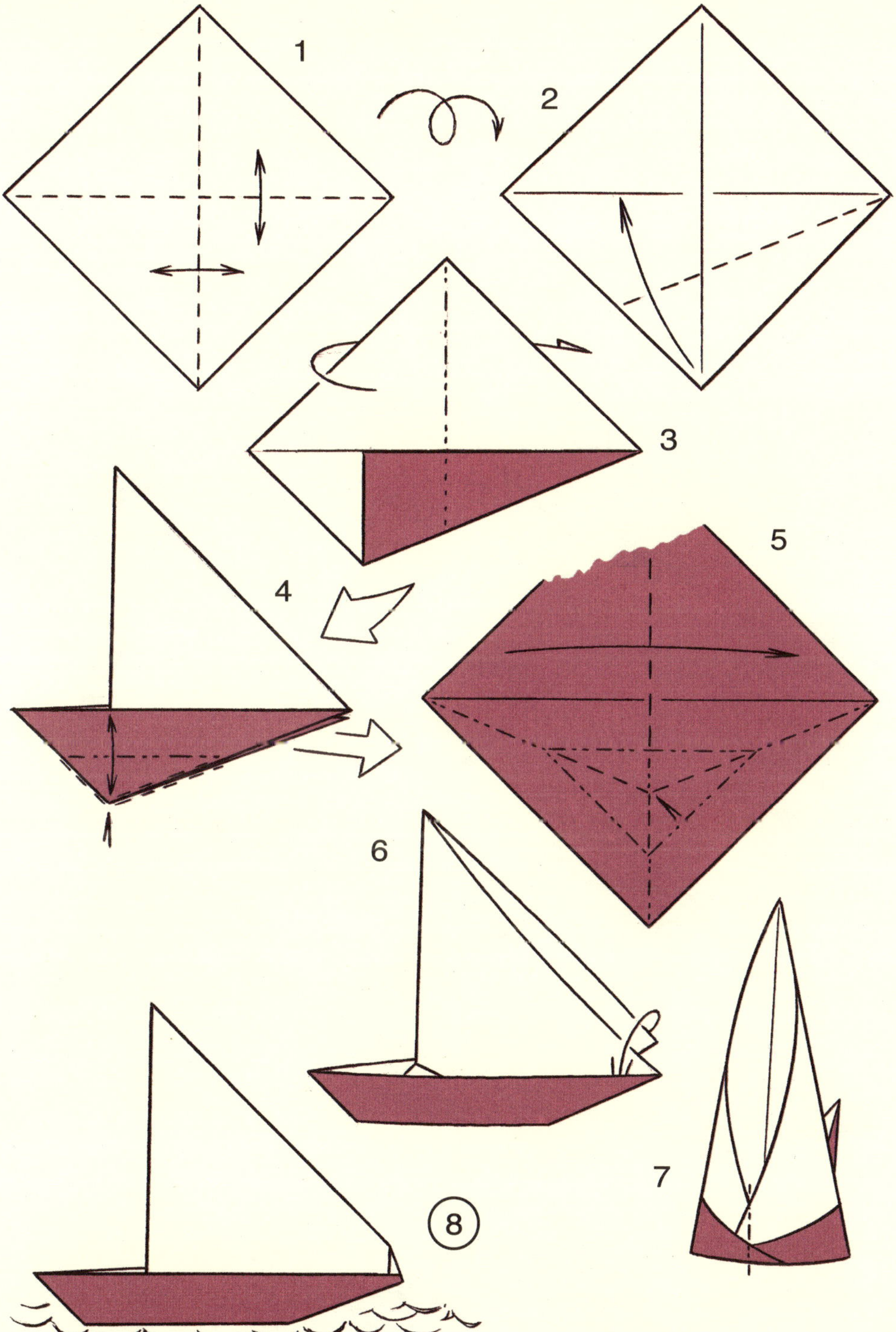

RATÓN

Por Francisco J. CABOBLANCO

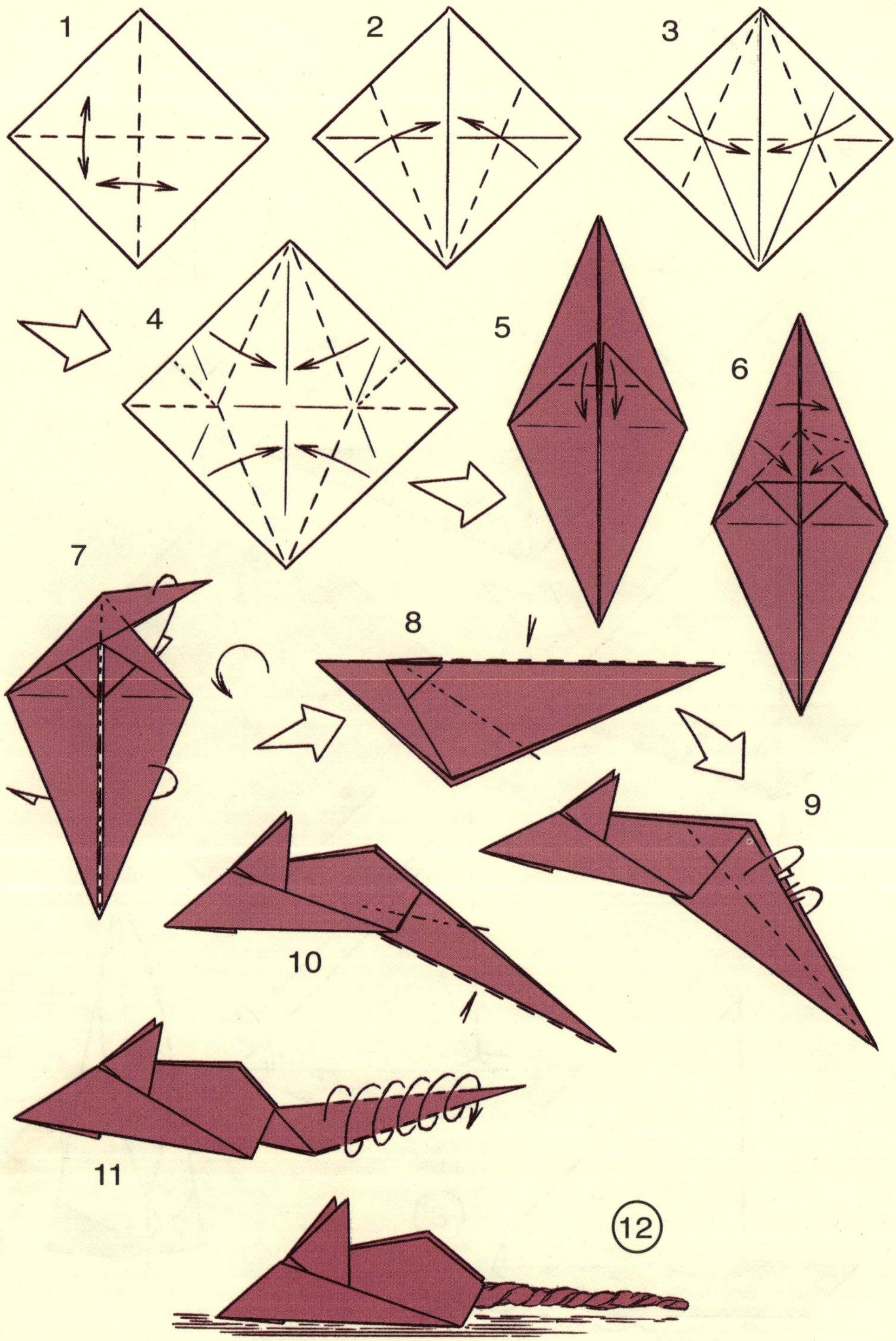

PATO

Por MANUEL ARROYO

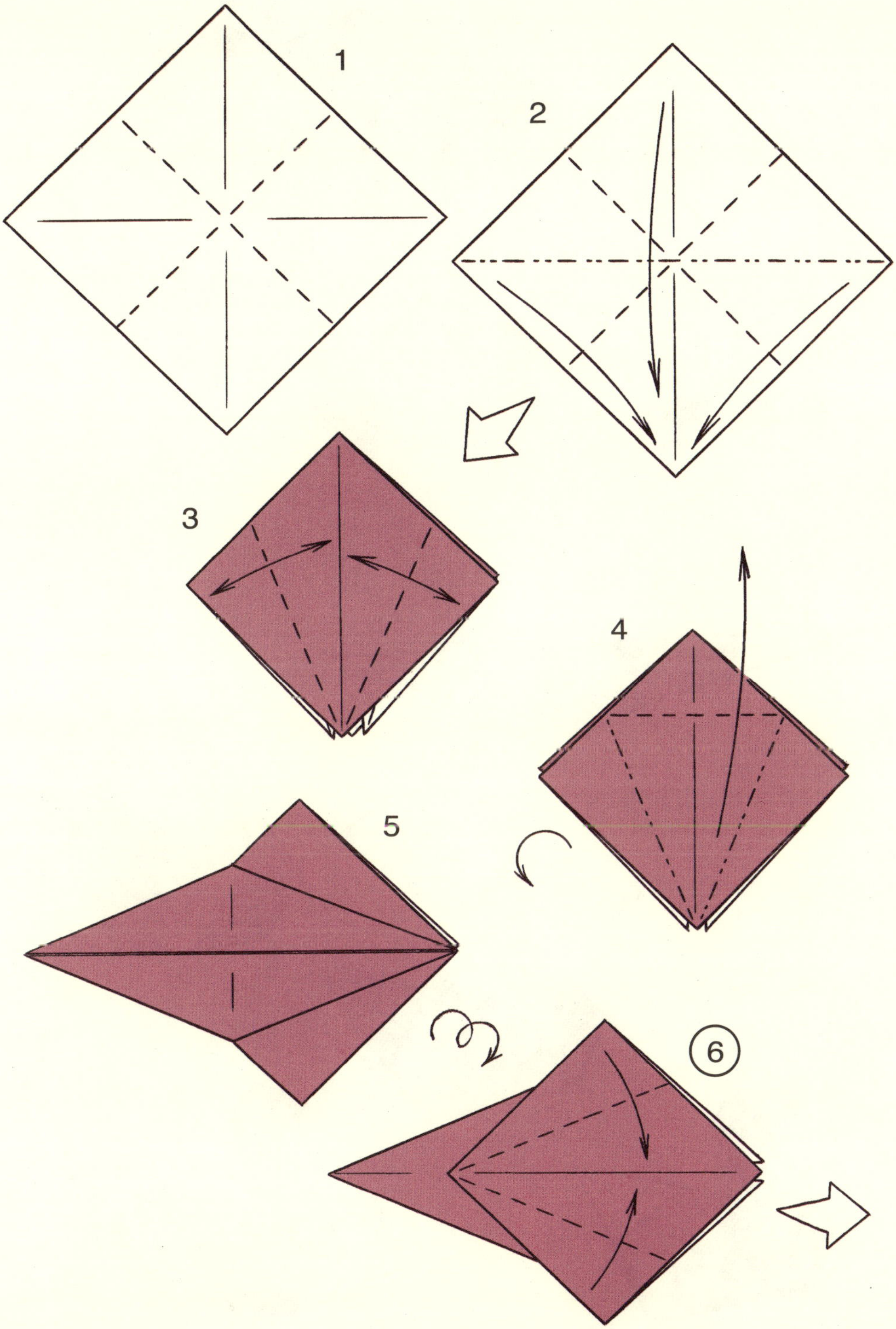

7

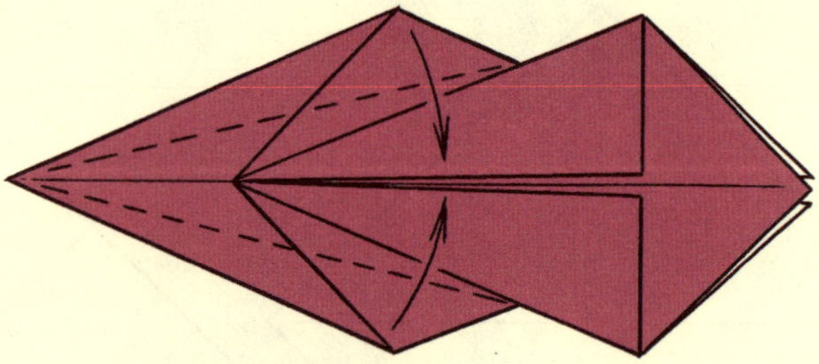

8

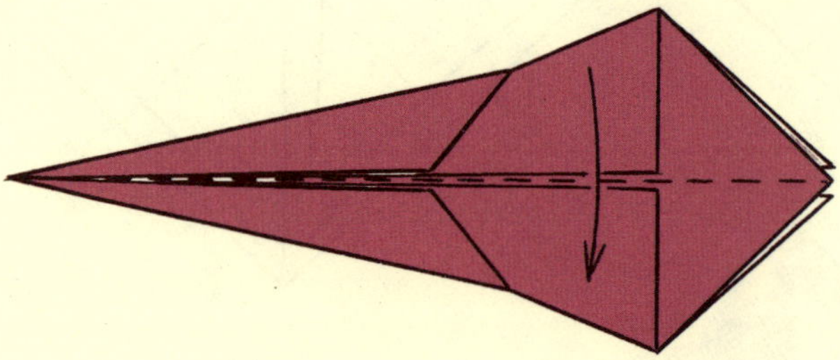

9

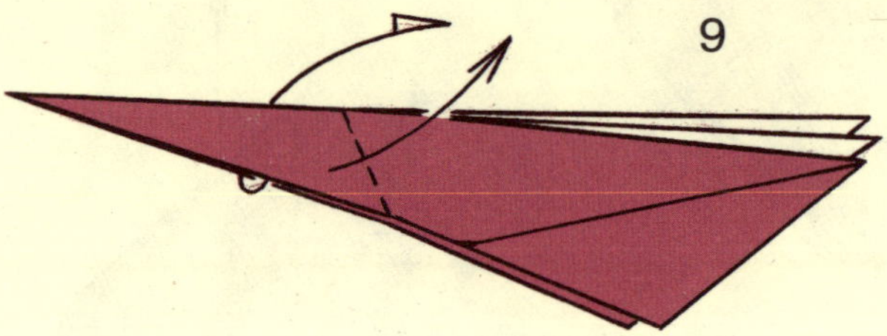

10

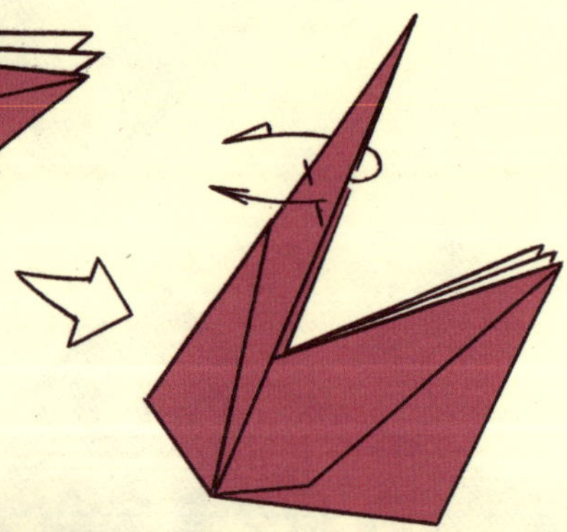

11

12

13

CISNE

Partimos del paso 7 del pato. (pág. anterior).

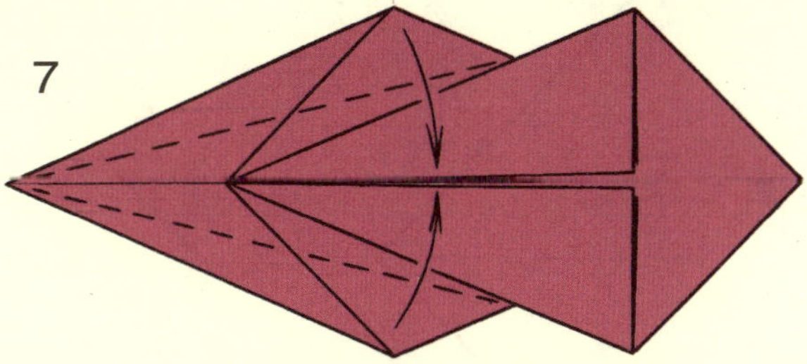

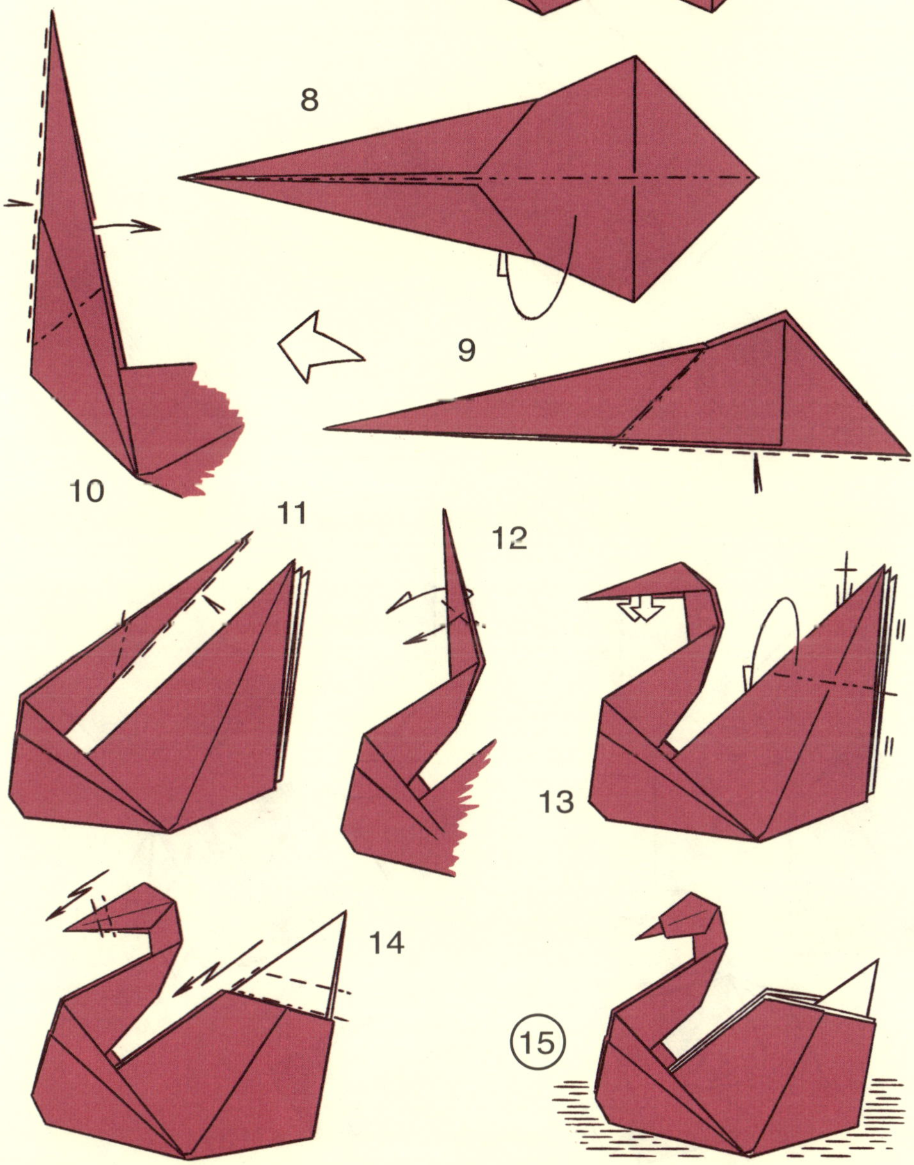

CAJA DE MANTECADAS Y PLANCHA

del doctor
Nemesio Montero

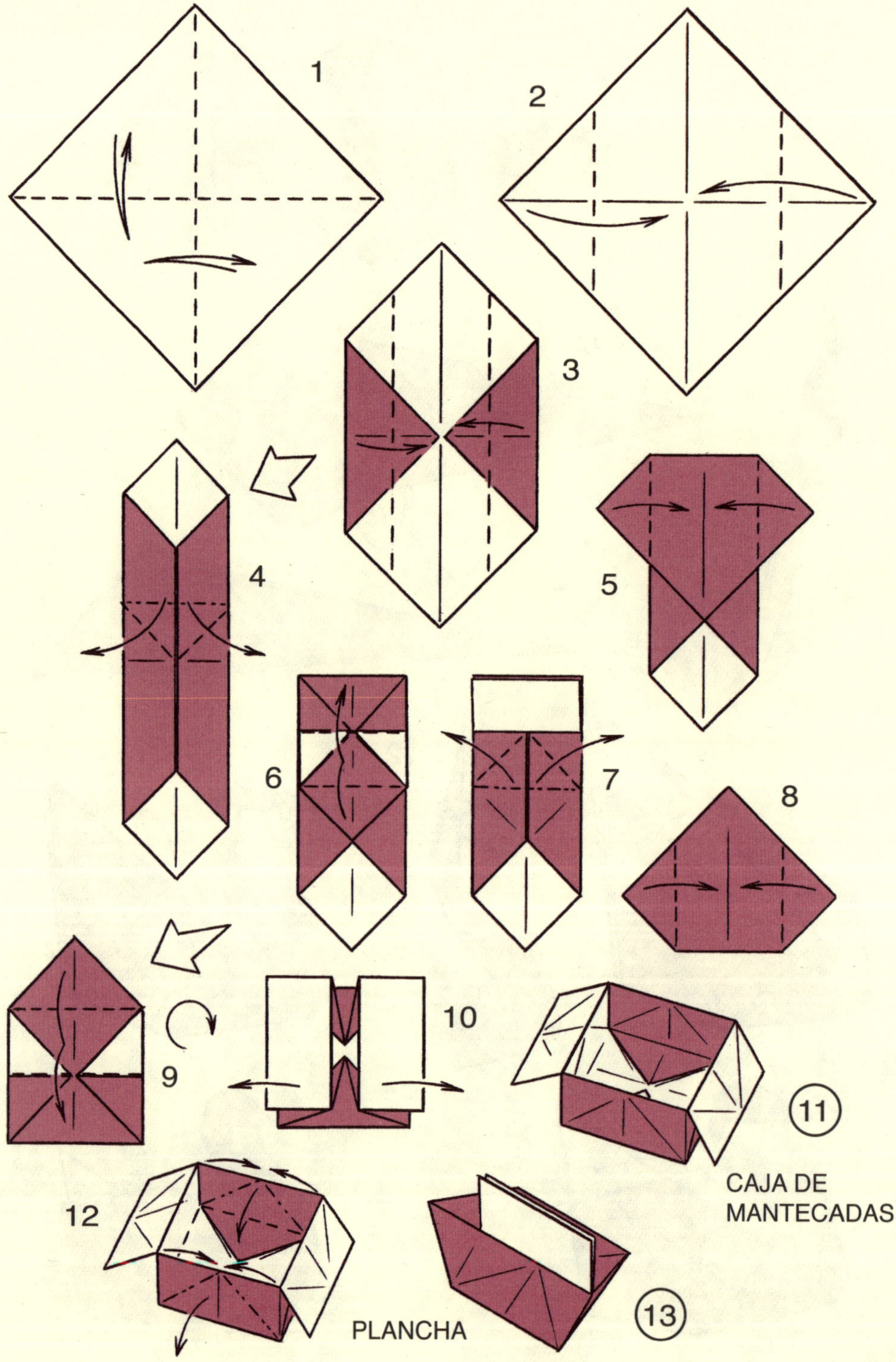

PLATO

Por V. PALACIOS

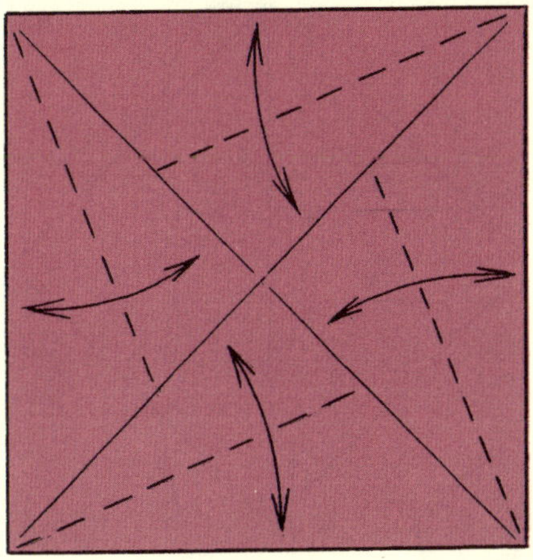

1

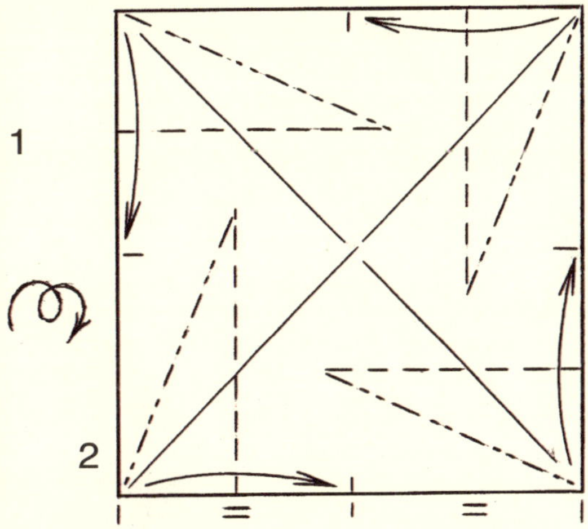

2

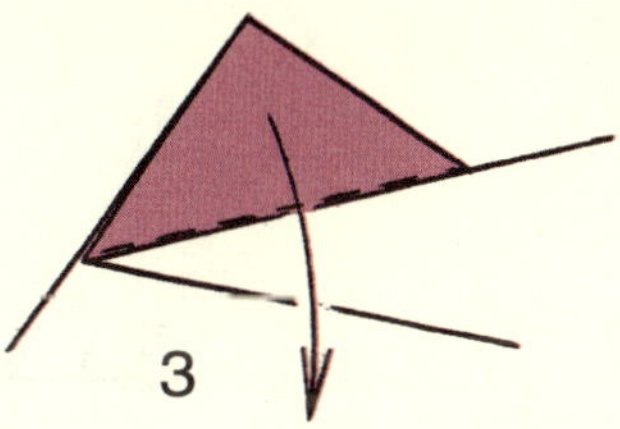

3

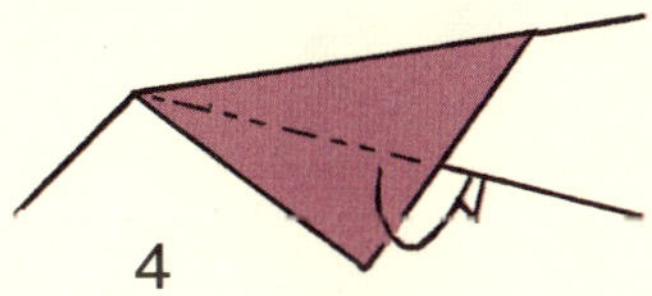

4

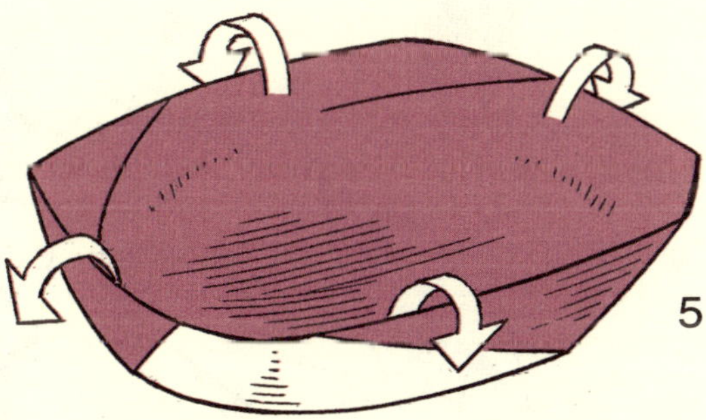

5

Invirtiendo las caras, resulta el modelo más trabado.

6

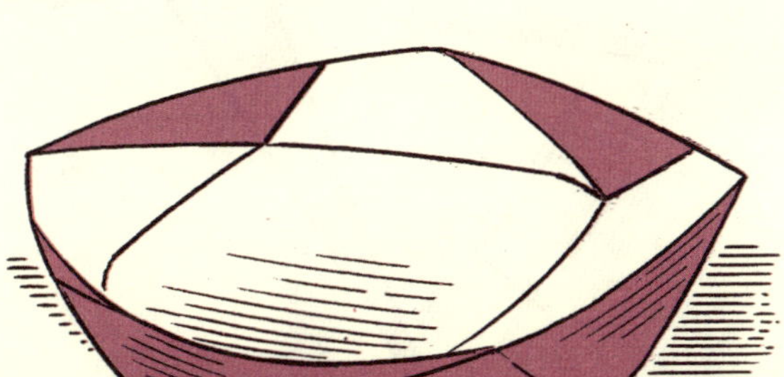

SACABOCADOS

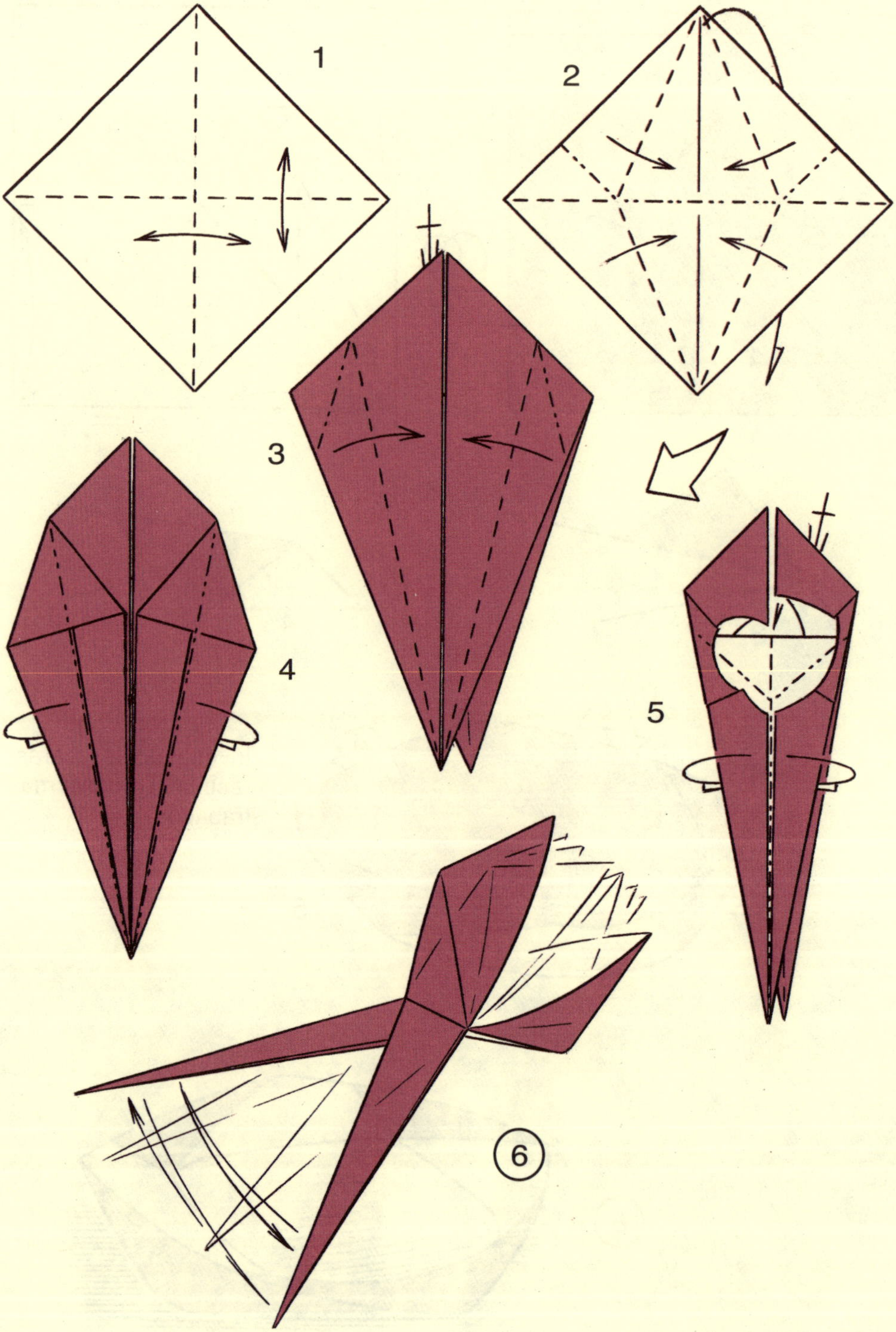

DITETRAEDRO MODULAR **por el doctor PHILIP SHEN**

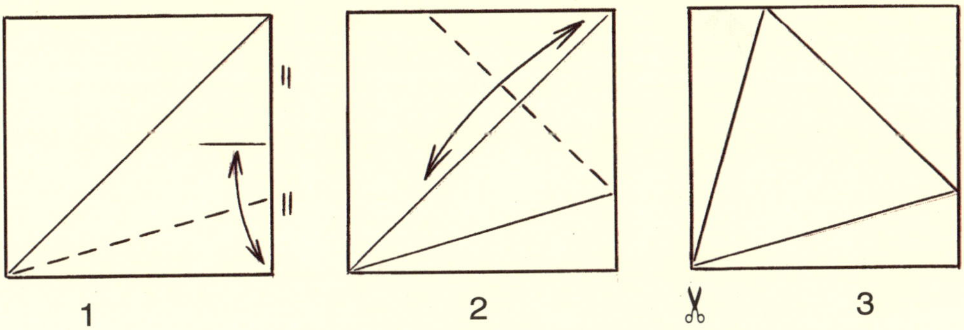

Cortamos dos triángulos equiláteros iguales, y marcamos en cada uno todos estos pliegues.

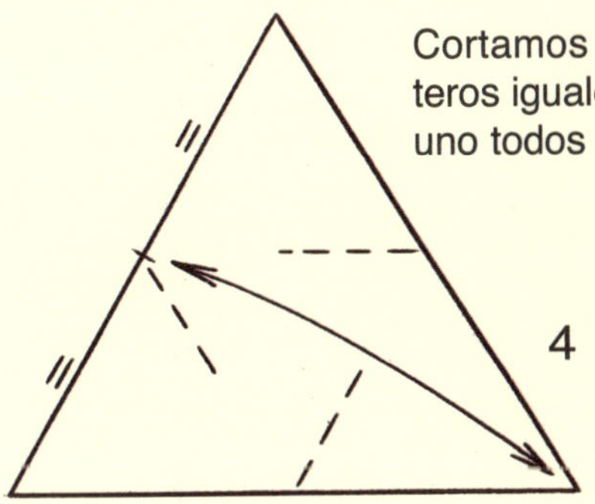

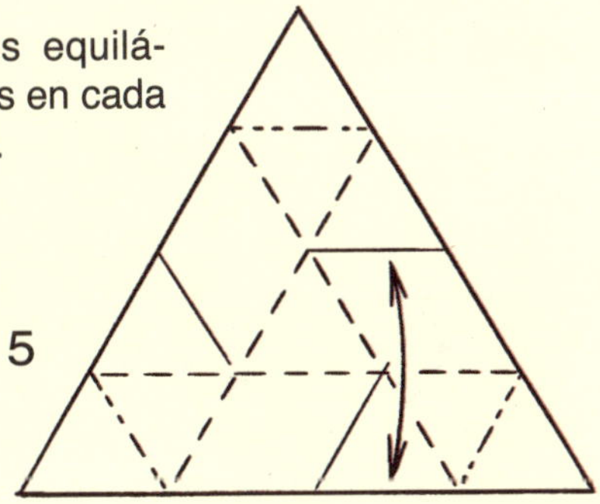

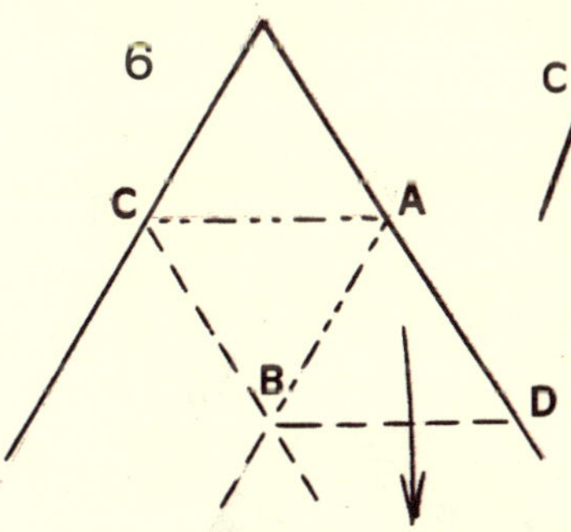

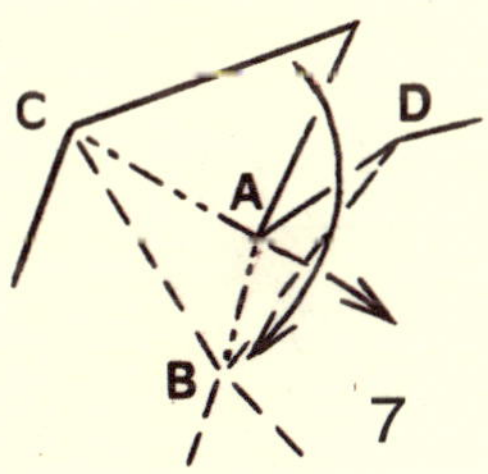

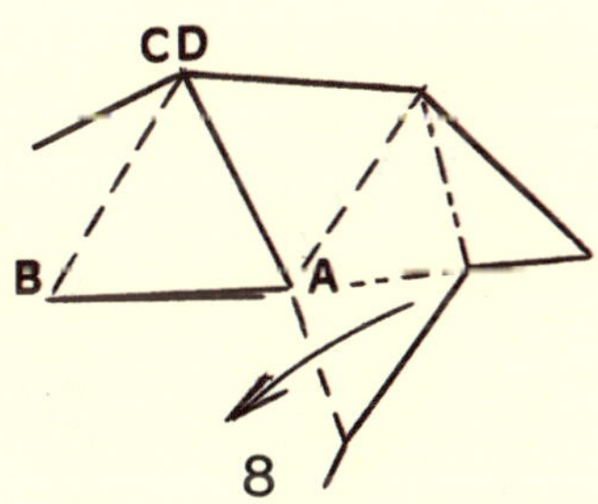

Repetimos los pasos 6-7-8 en las seis puntas.

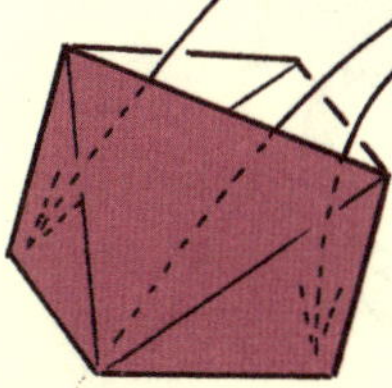

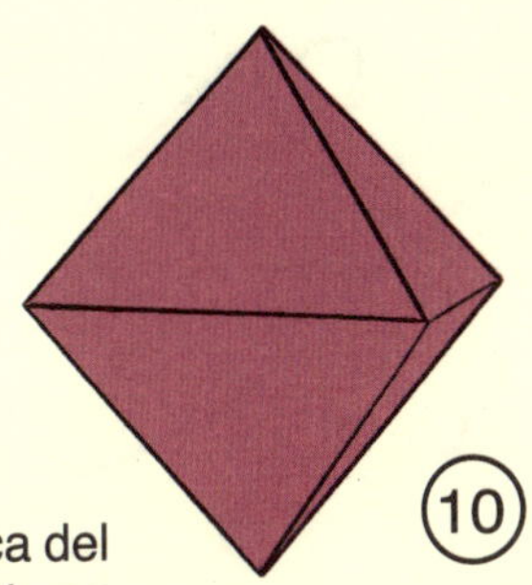

Comprimiendo un poco la boca del módulo superior, le introducimos por la boca del inferior.

GRULLIGORRO

V. PALACIOS

"Toda figura es un gorro, si se le hace un hueco" (Jeremy Shafer).

PERRITO SENTADO

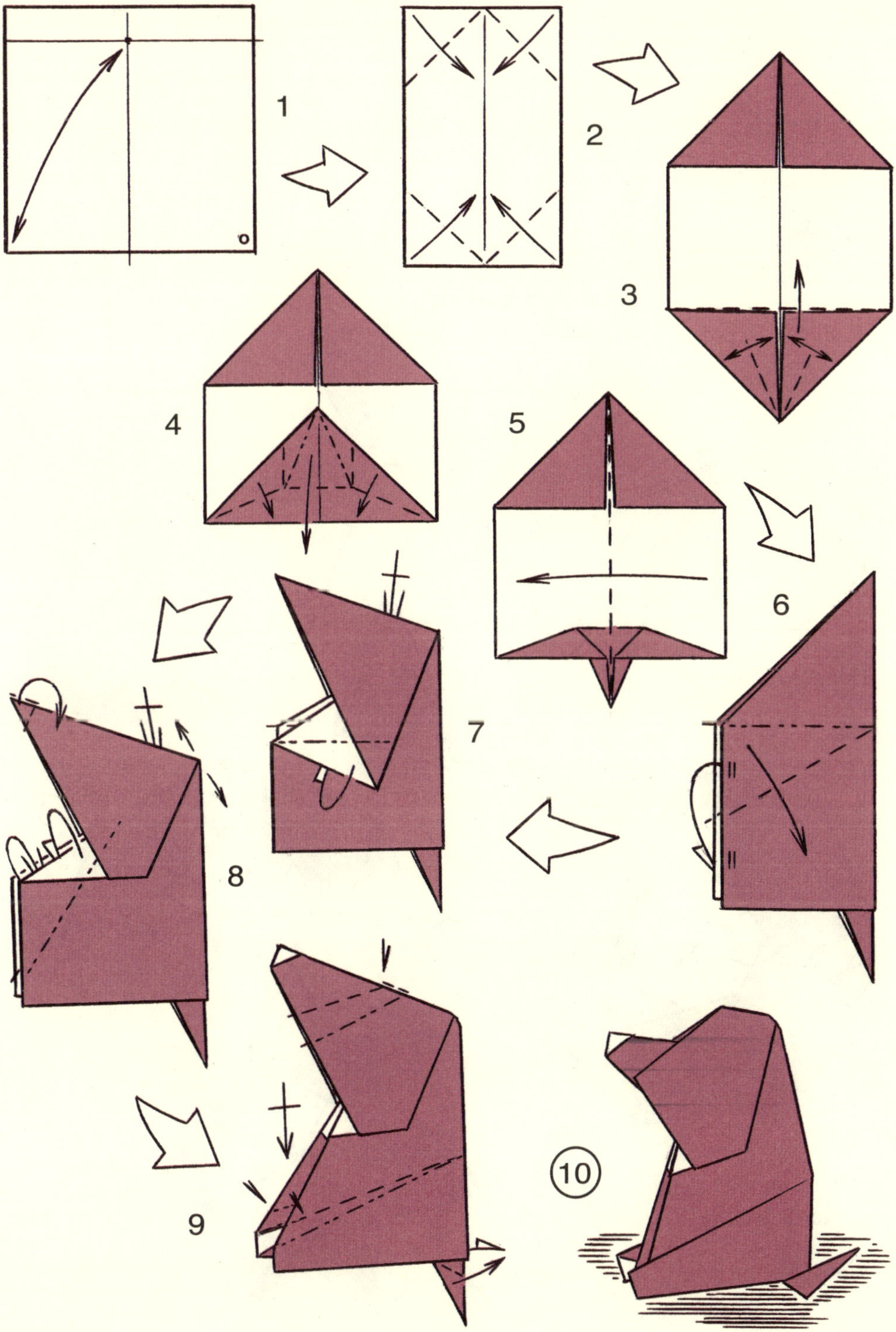

ESTRELLA MODULAR - 7 PUNTAS

por LOES SCHAKEL
(variantes V. Palacios)

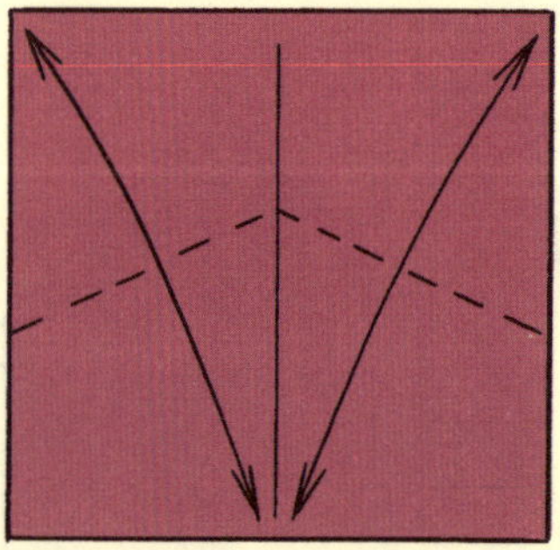

1

2

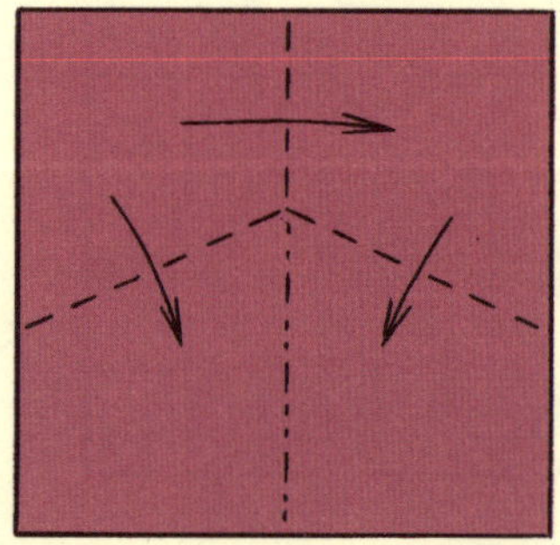

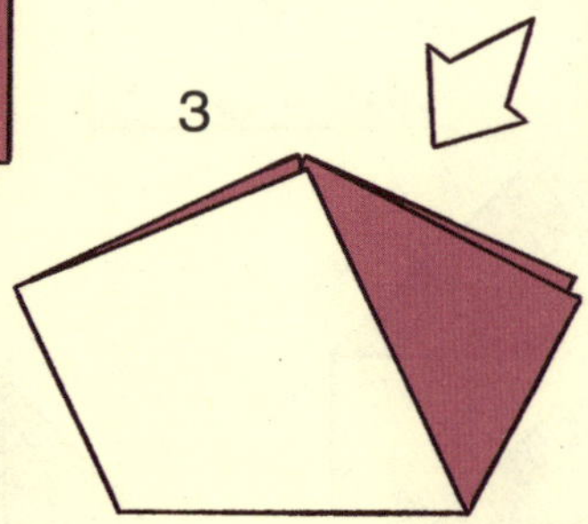

3

Módulo.

Hacemos 7 módulos iguales.

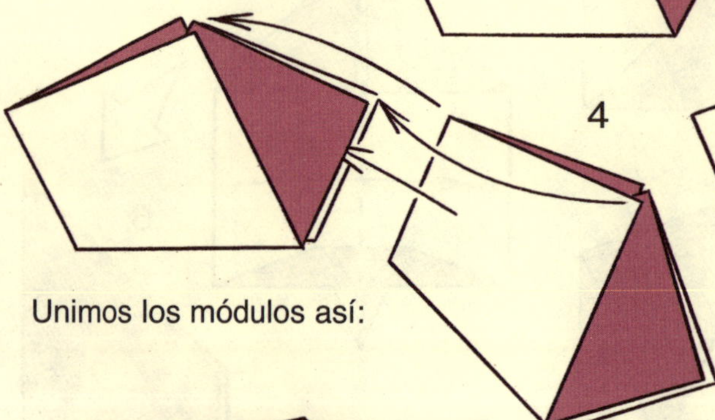

4

Unimos los módulos así:

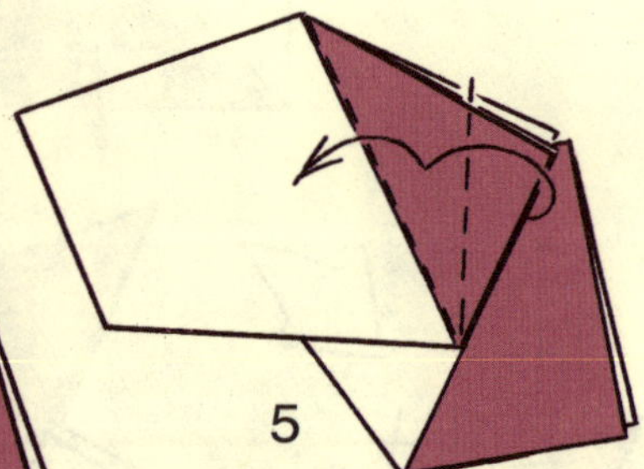

5

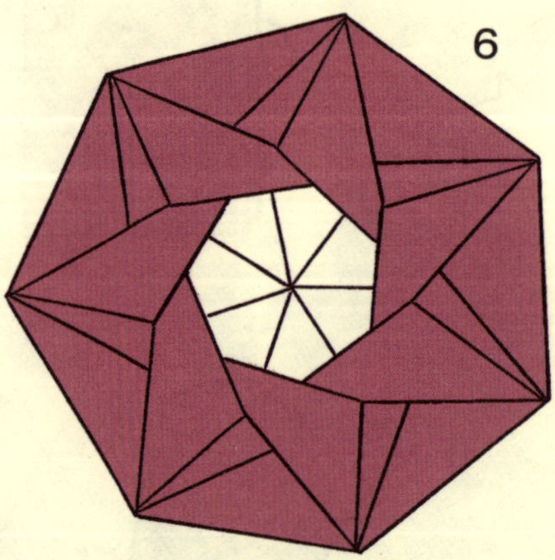

6

7

Plegamos igualmente por ambos lados.

8

CONEJO - 1

por F.J. Caboblanco

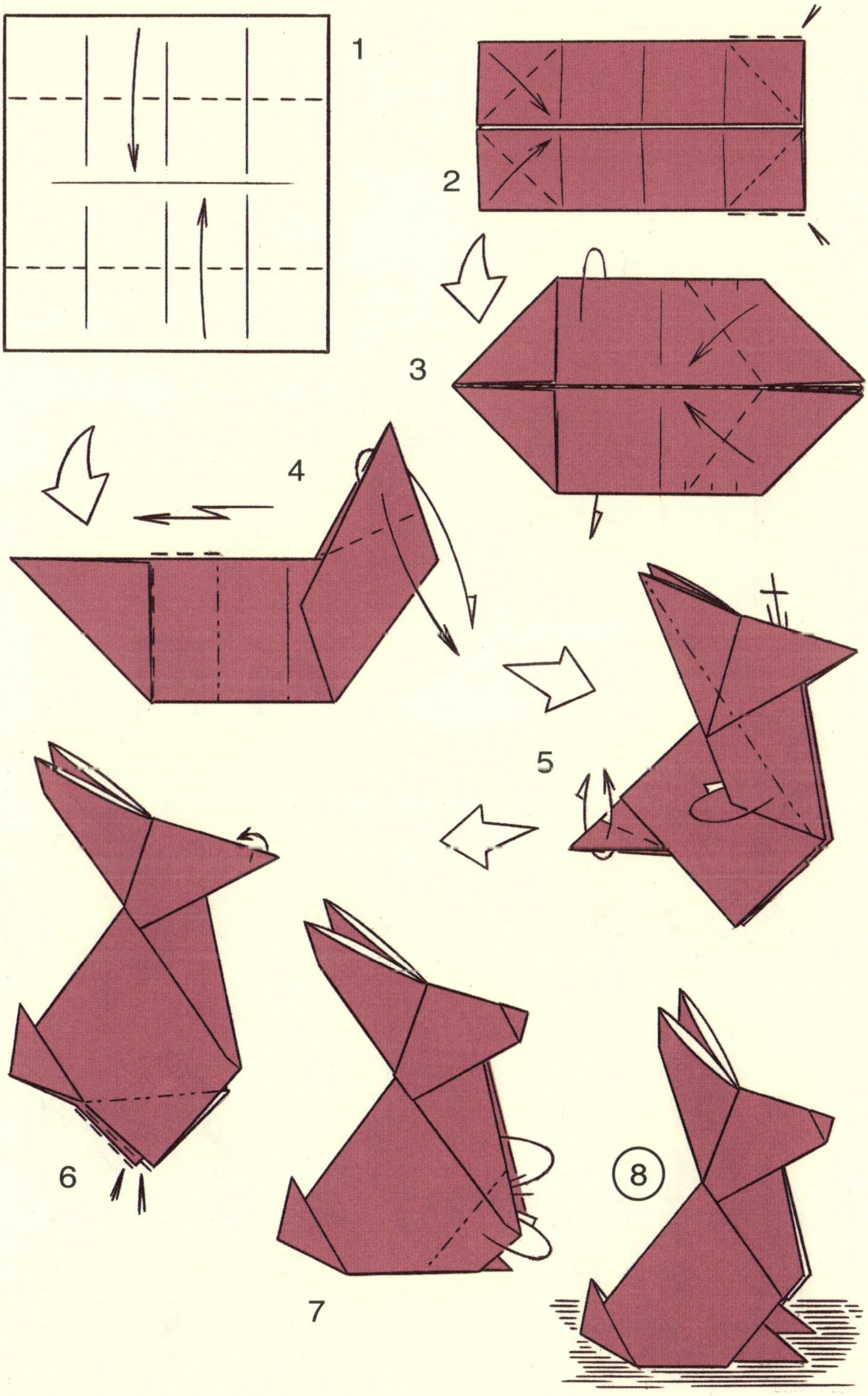

ESTRELLA MODULAR DE 8 PUNTAS Por FCO. J. CABOBLANCO

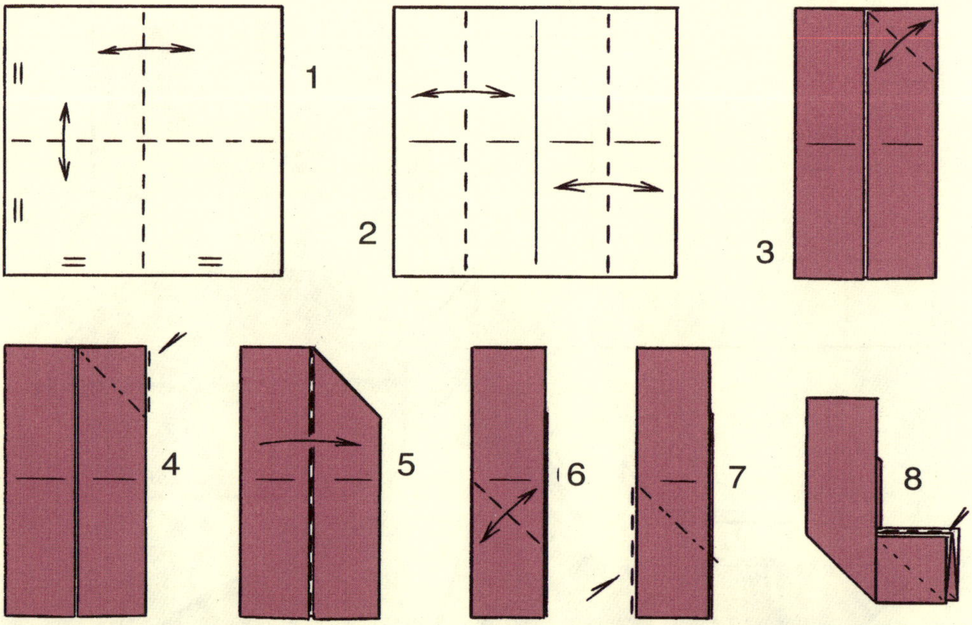

Plegamos 8 módulos iguales y los unimos así:

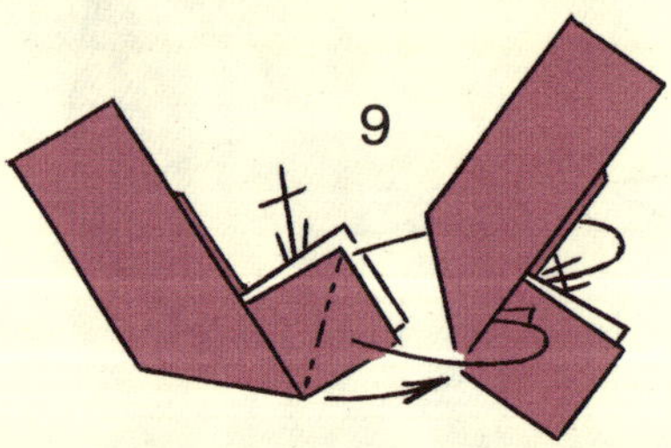

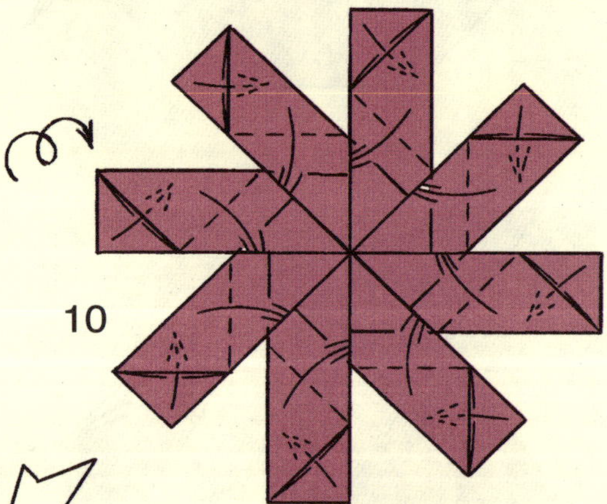

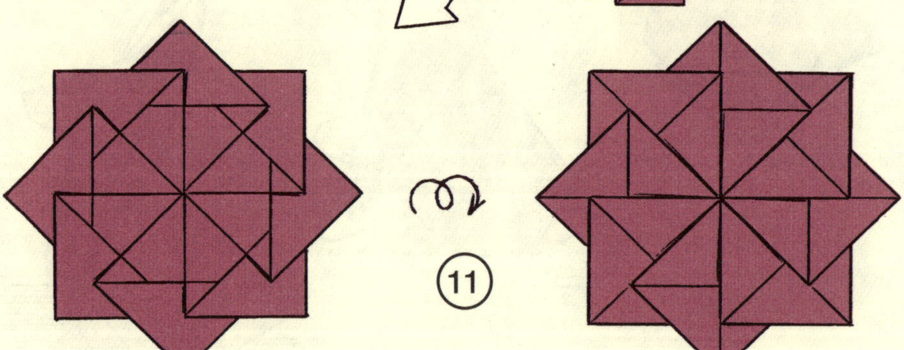

VELERO - 2

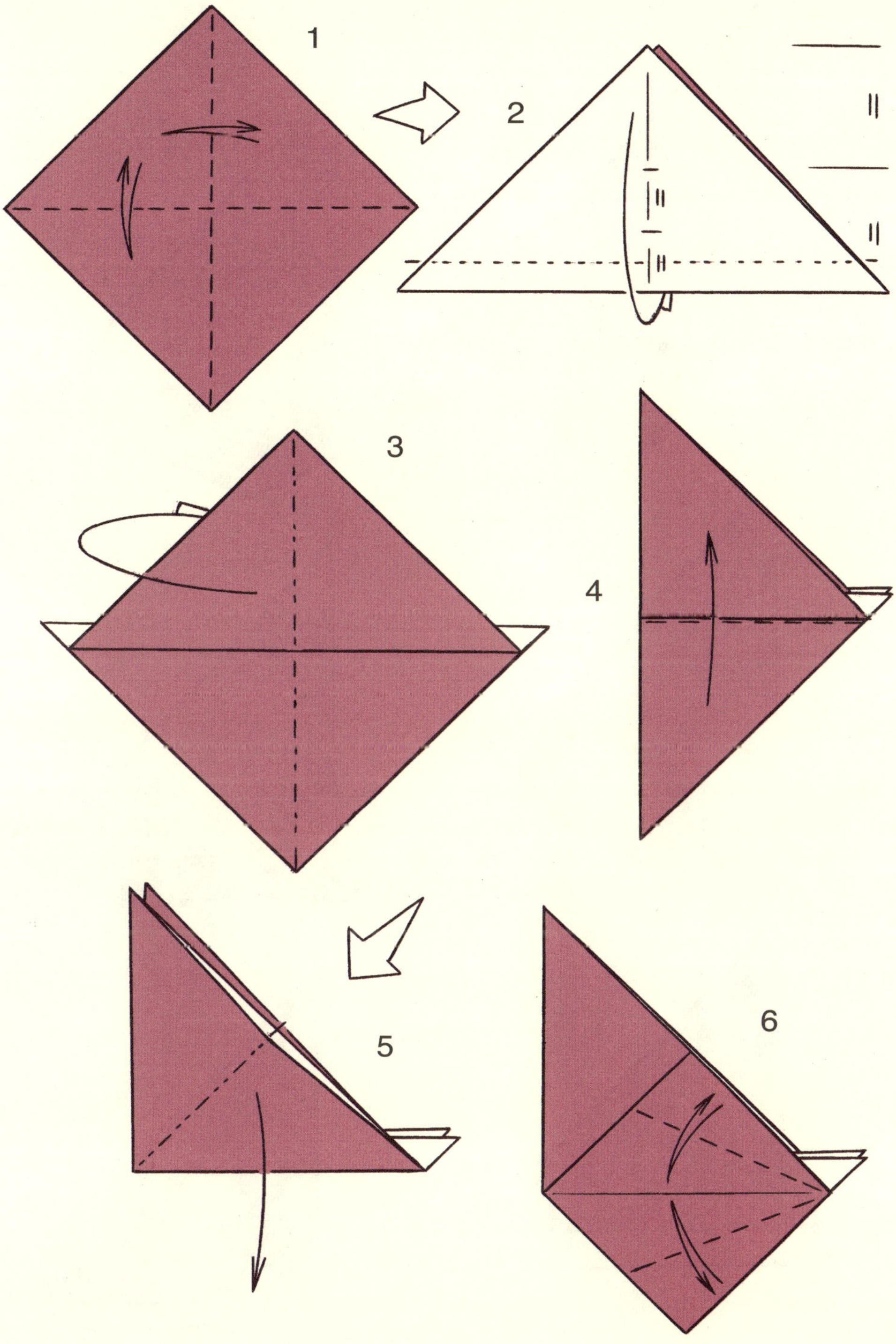

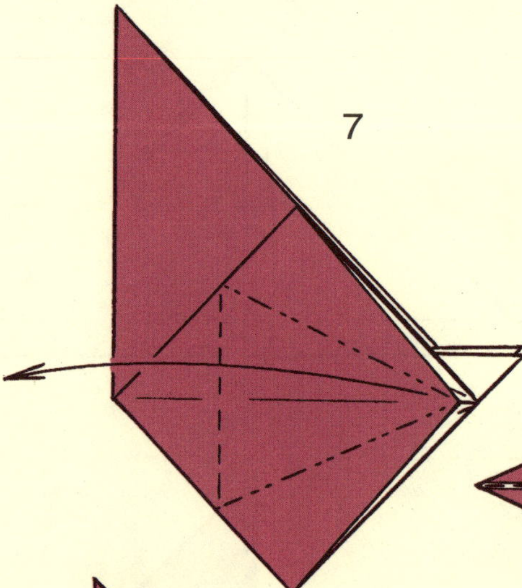

7

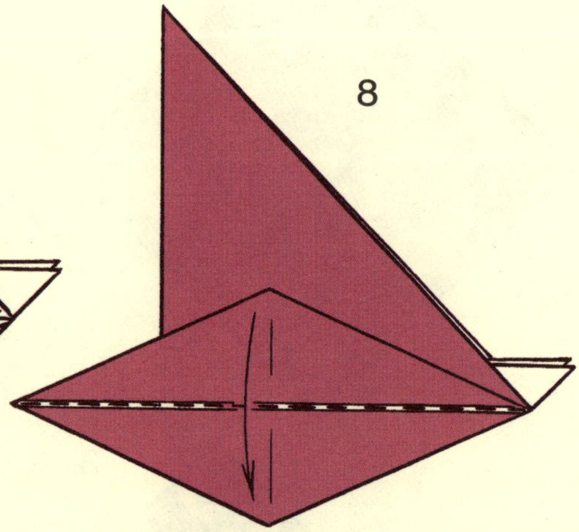

8

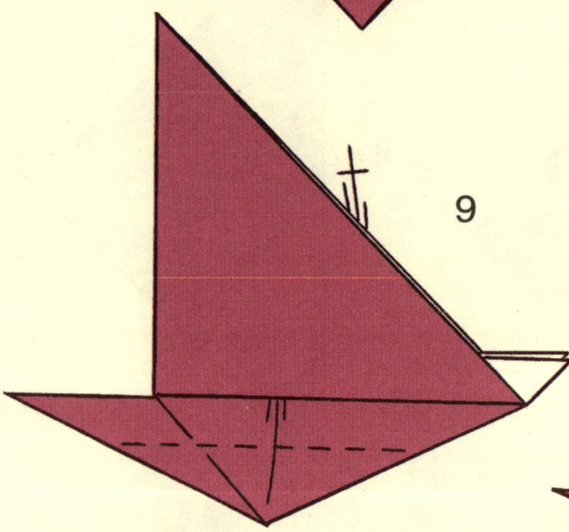

9

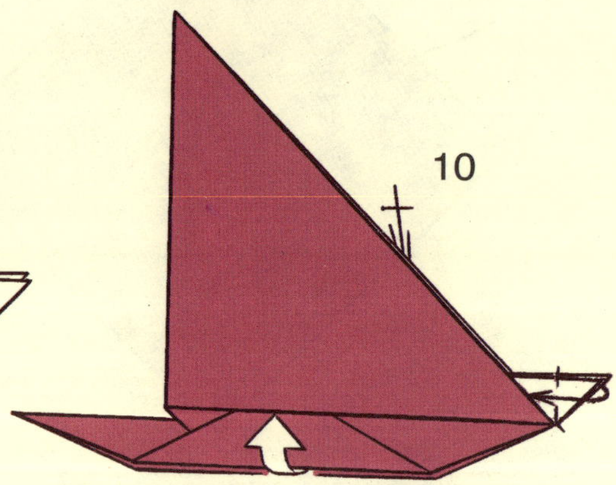

10

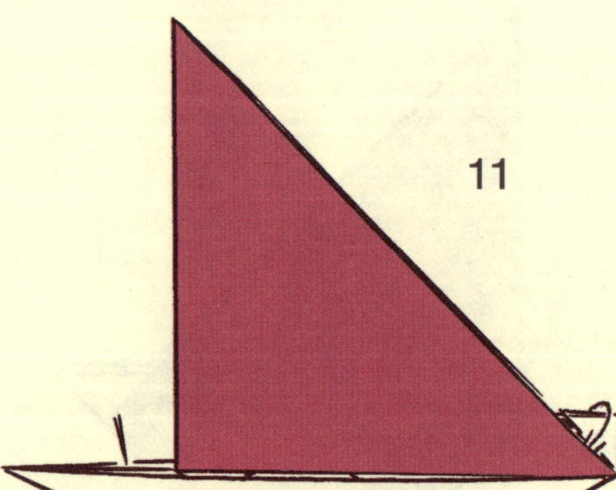

11

12

CENTRO DE MESA

Por V. PALACIOS

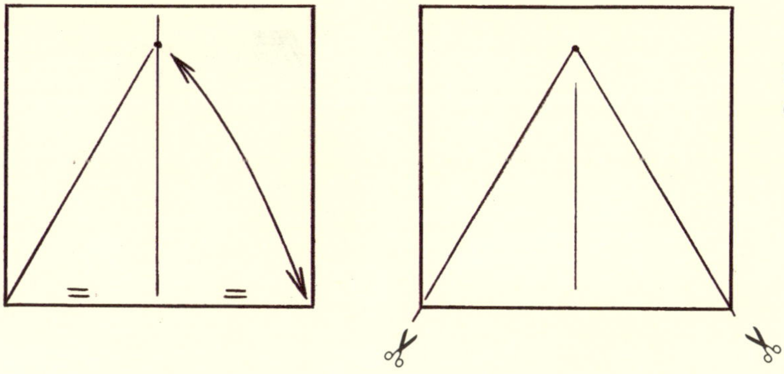

El triángulo equilátero.

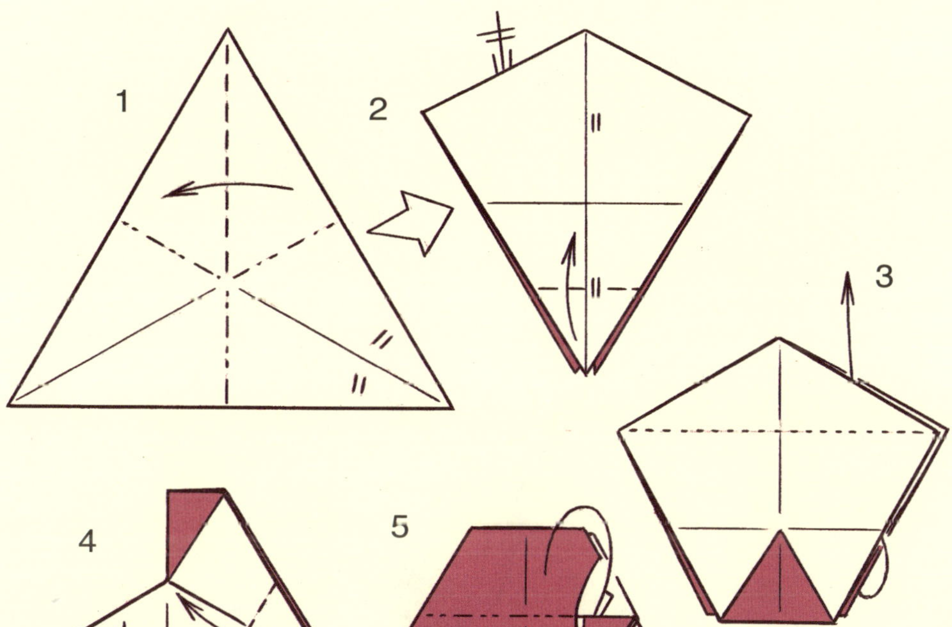

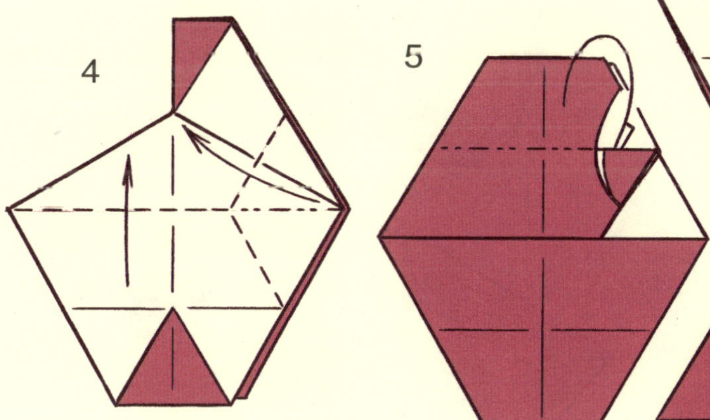

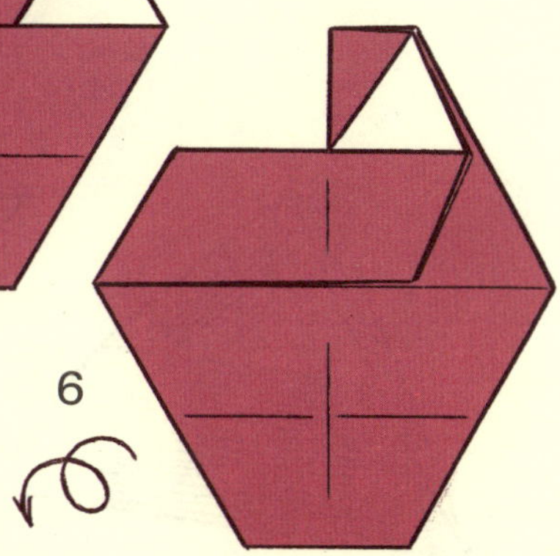

Veremos que los tres lados se resuelven igual.

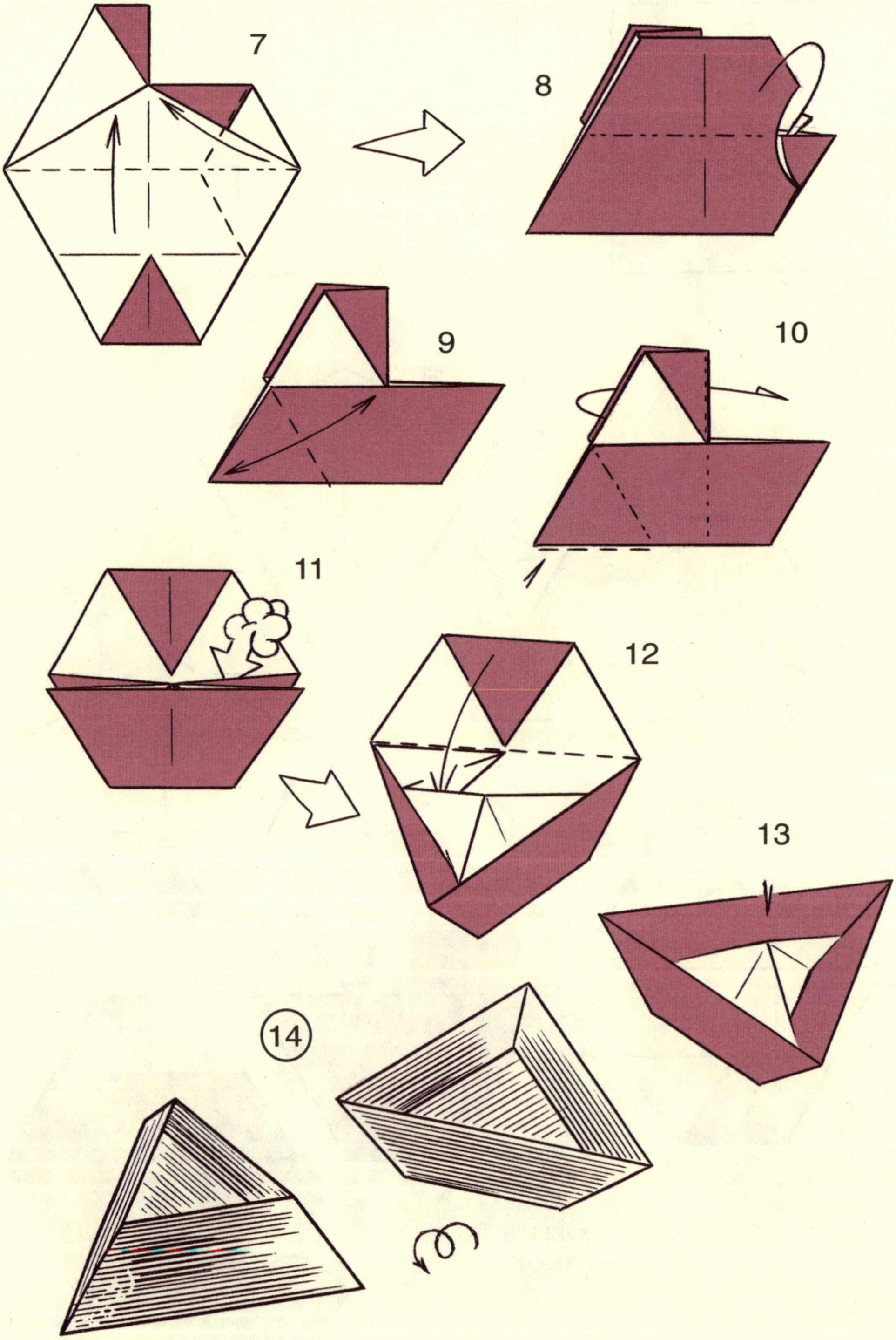
7
8
9
10
11
12
13
14

RECIPIENTES DE BASES POLIGONALES REGULARES:
- PENTÁGONO

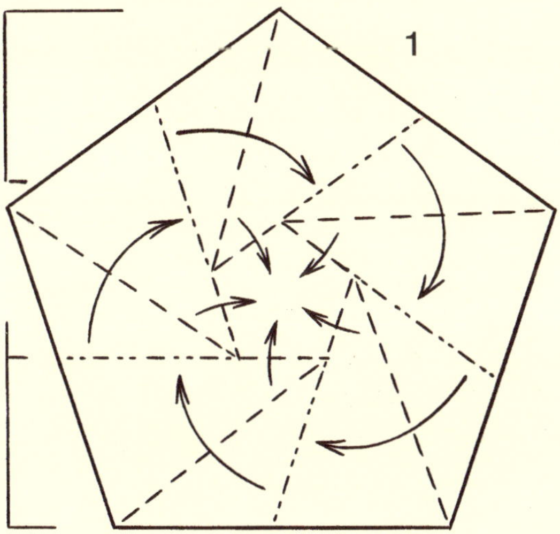

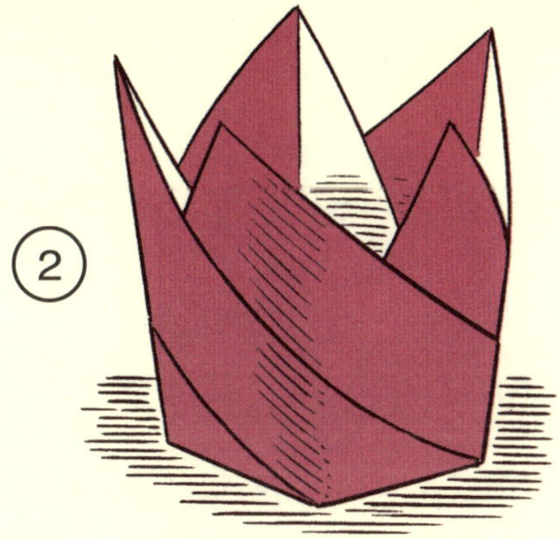

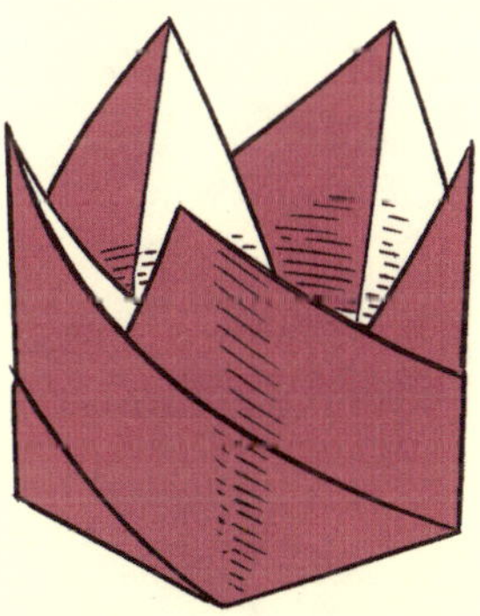

2

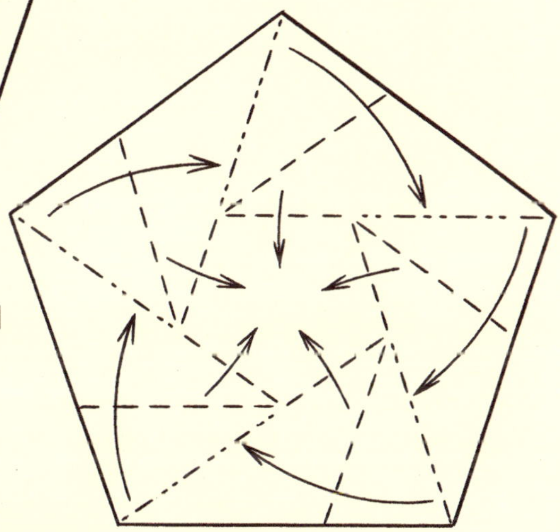

1

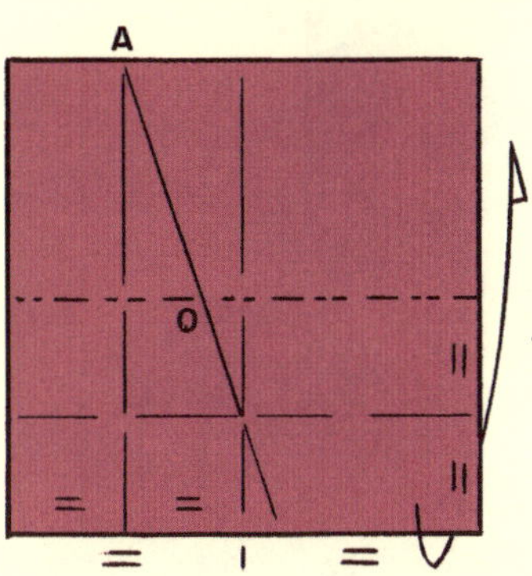

1

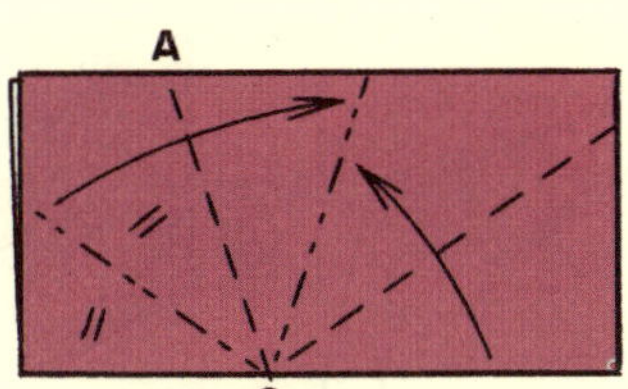

2

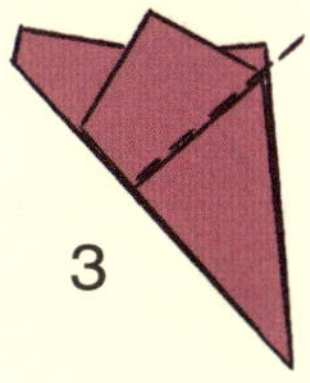

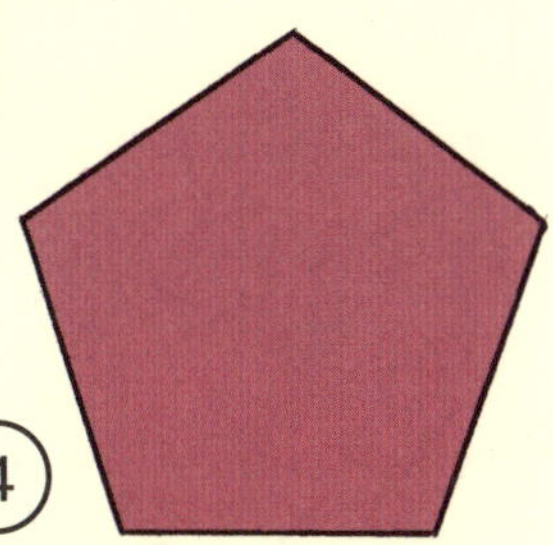

4

Método "Lewis Simon".

- HEXÁGONO

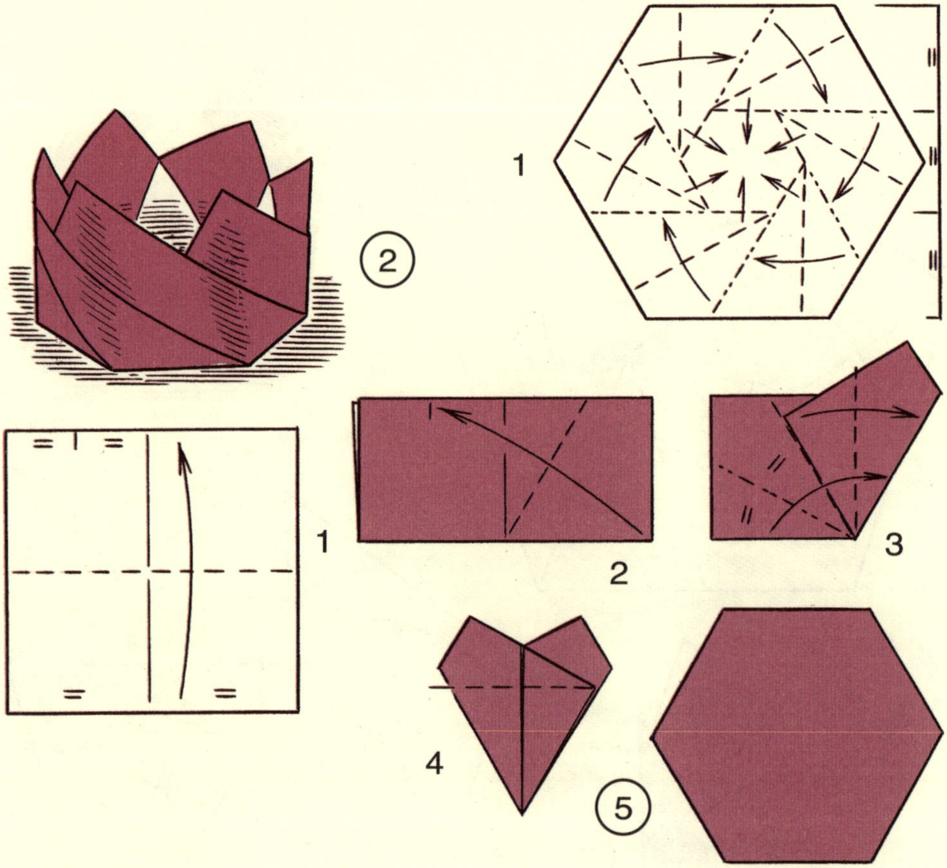

- HEPTÁGONO

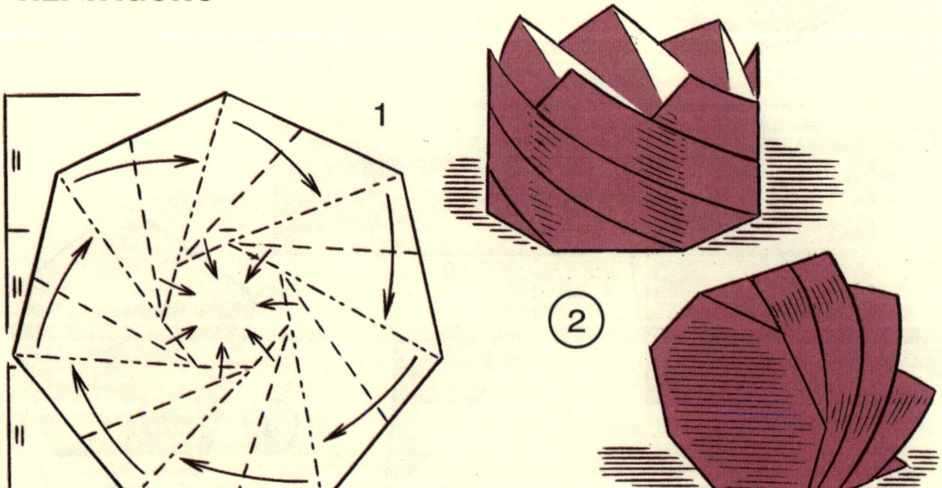

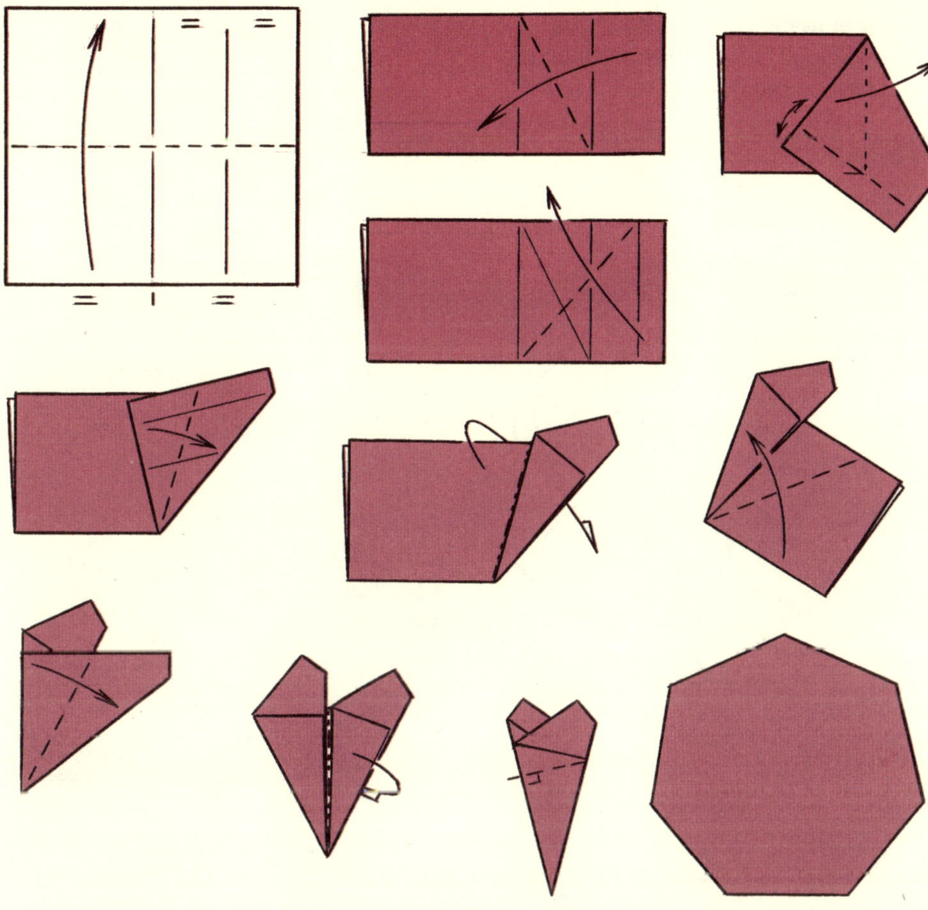

- OCTÓGONO

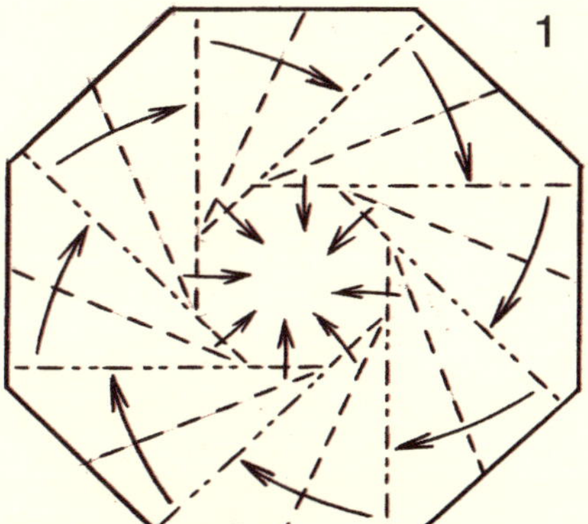

1

2

Si en el paso 1 conservamos el octógono interior y hacemos doblemente ancho de lado a lado el octógono exterior, el resultado será éste que vemos al lado, mucho más complicado que todos los recipientes.

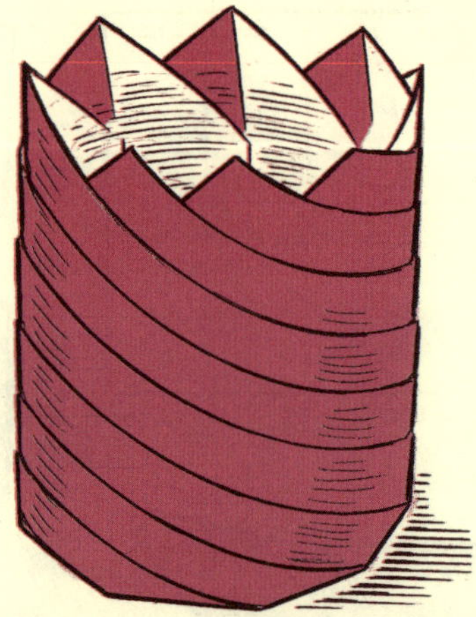

OTRA POSIBILIDAD:

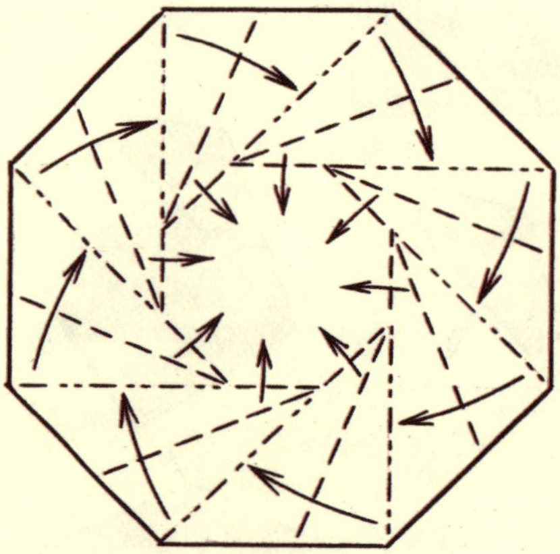

1

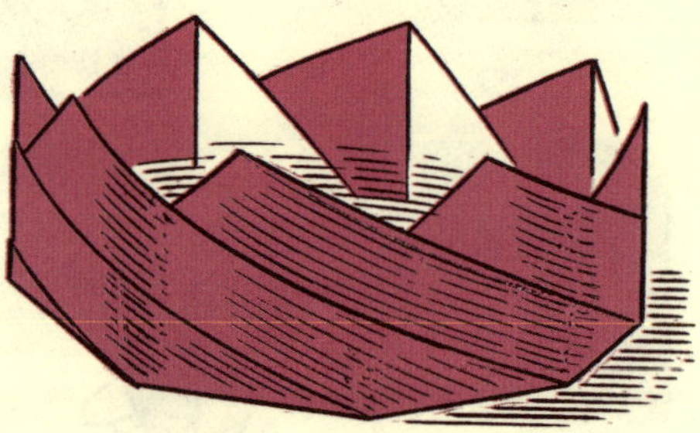

2

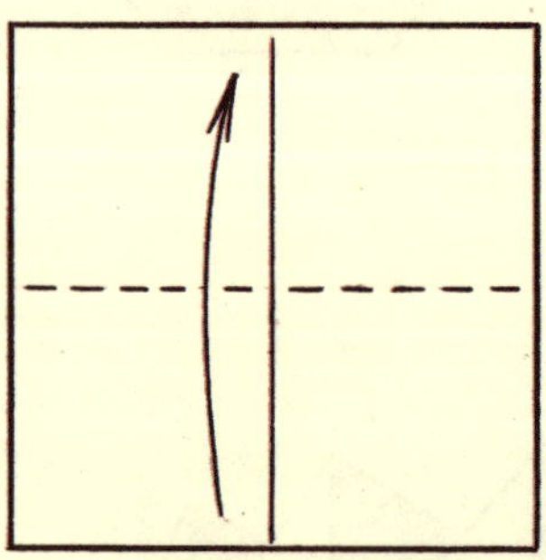

1

2

3

4

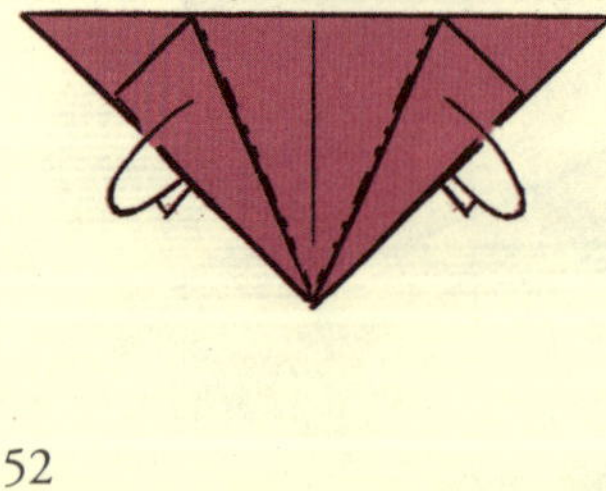

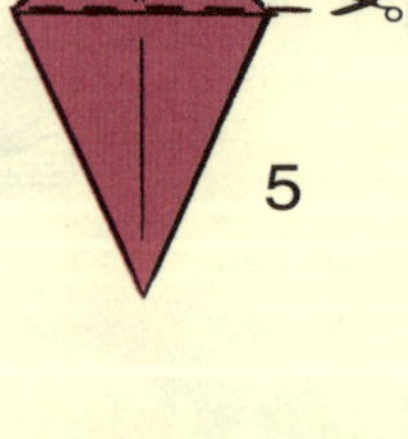

5

6

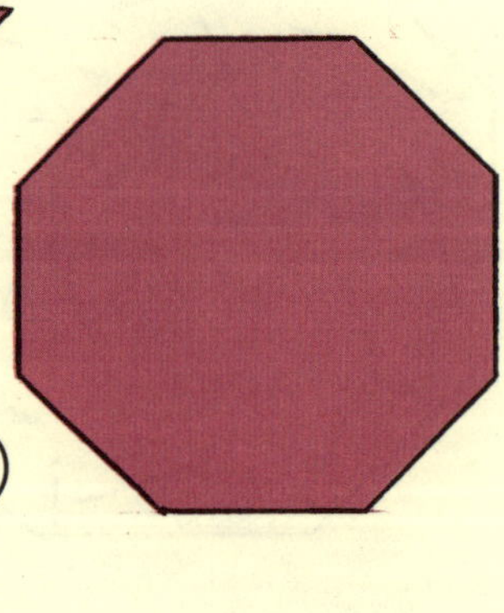

"CAJA EN LLAMAS Nº 4" Por JOSÉ ÁNGEL CANALES -MÉJICO-

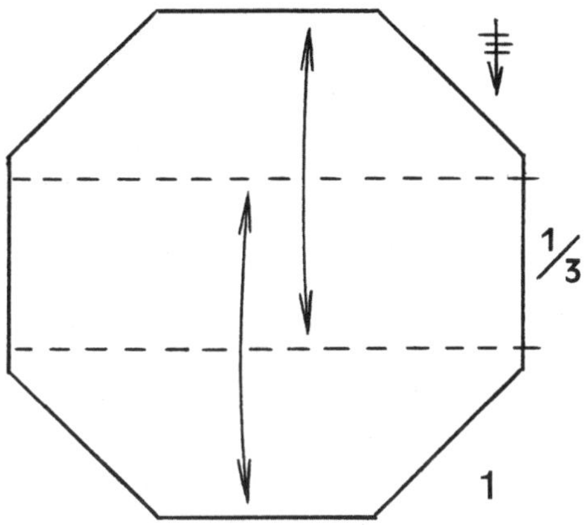

1

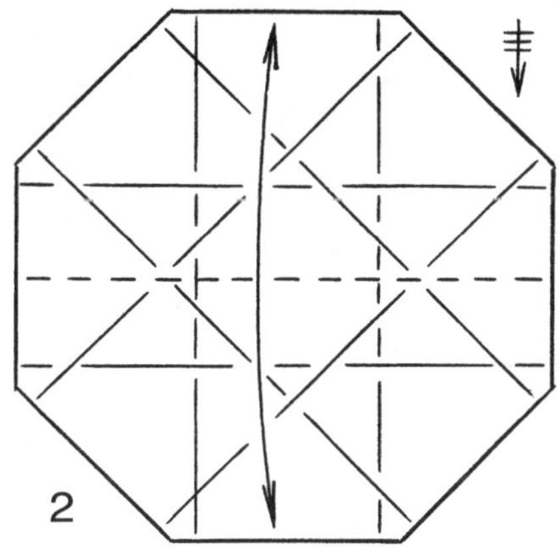

2

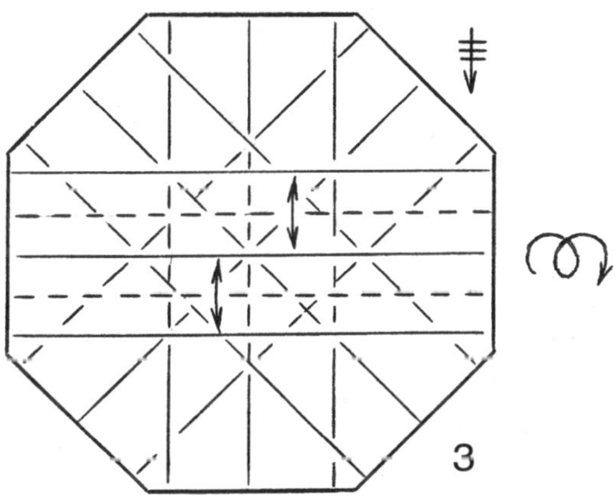

3

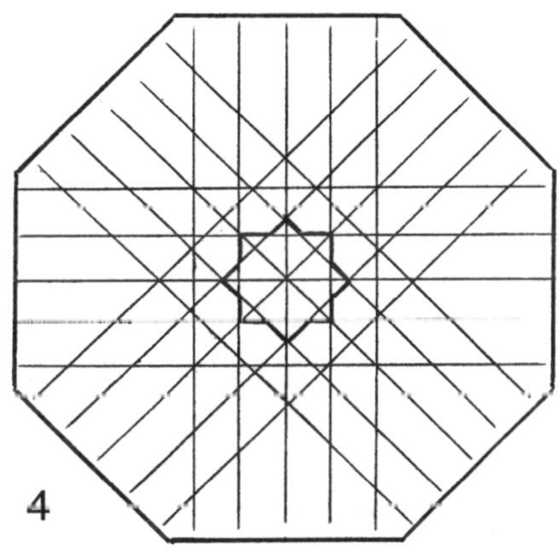

4

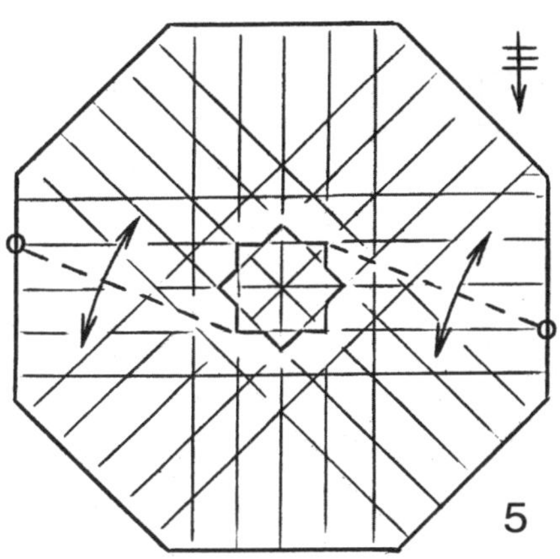

5

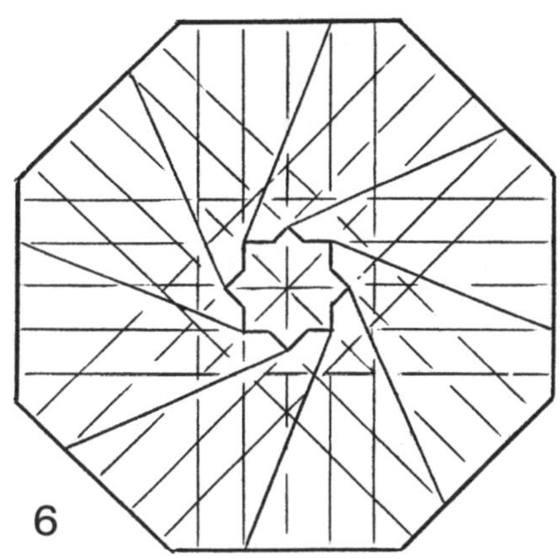

6

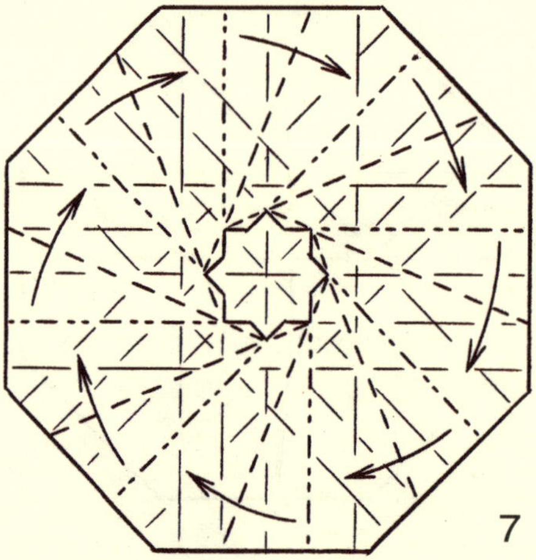

7

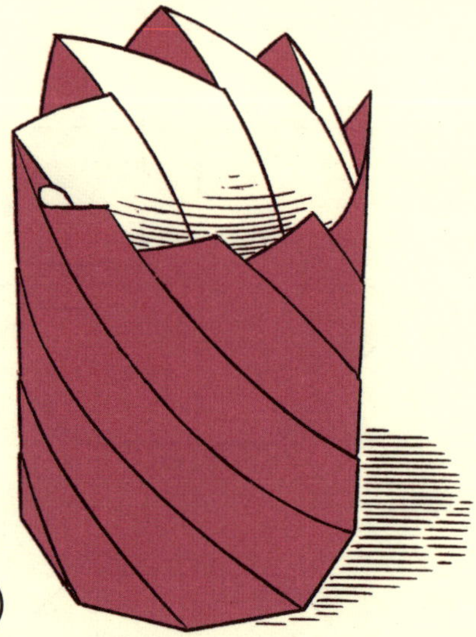

8

Las “CAJAS EN LLAMAS” de D. José Ángel Canales:

En la exposición de figuras de la Convención de “Origami USA”, en Nueva York (junio 2002), me llamaron la atención –¡entre tantas maravillas!– un par de cajas cilíndricas, creación de D. José Ángel Canales, vía Dña. Guadalupe Martínez. Observando atentamente la menos complicada, pensé que a partir de su idea, se podrían obtener muchas variantes. Así se me ocurrieron las que aquí presento (salvo una), y sin duda los lectores podrán inventar otras más.

En octubre del año 2004 tuve la felicidad de recibir una atenta carta de ambos mejicanos, en la que D. José Ángel incluía diagramas para plegar dos de sus cajas: una es la primera que presento a partir del octógono, y que yo tenía ya dibujada, y la segunda, a mi juicio mucho más meritoria, que presento como “nº 4” en la numeración de su propio creador y con su autorización para incluirla en este libro.

Aquellas cajas de Nueva York estaban plegadas en cartulinas azul oscuro y con admirable perfección.

Considero obligado que la pared de las cajas sea vertical; es decir: con la boca de idéntico diámetro que la base. Una boca de diámetro menor produciría un efecto deplorable. Una boca mayor podría a mi juicio ser aceptable. D. José Ángel tiene muy bien resueltas sus cajas más complicadas.

ROTOR DE CUATRO MÓDULOS

Por JEFF BEYNON

1

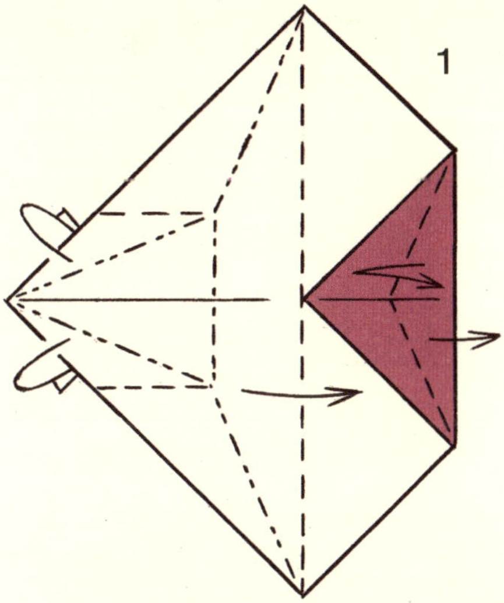

2

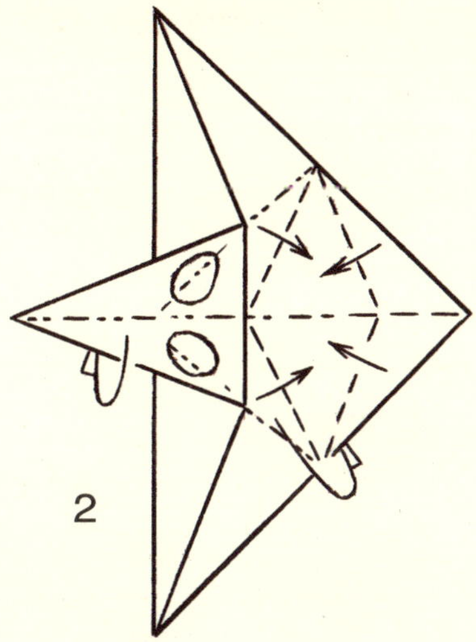

Módulo:

3

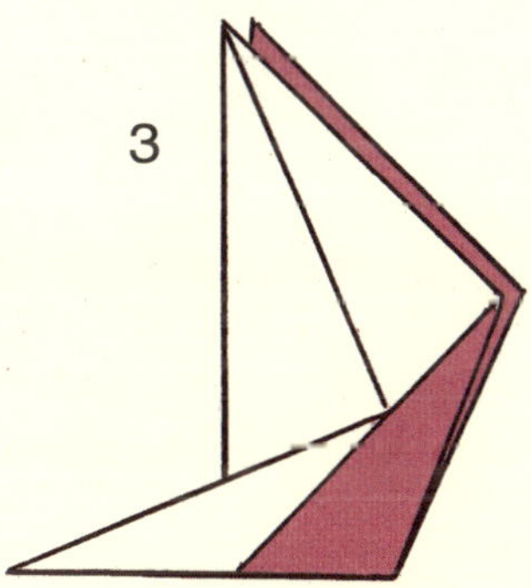

4

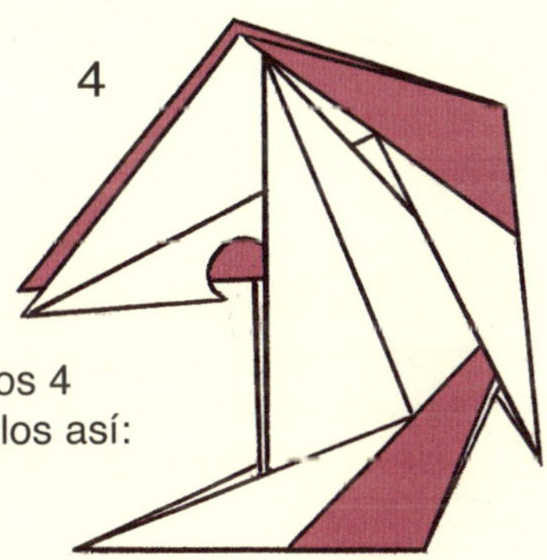

Unimos 4 módulos así:

5

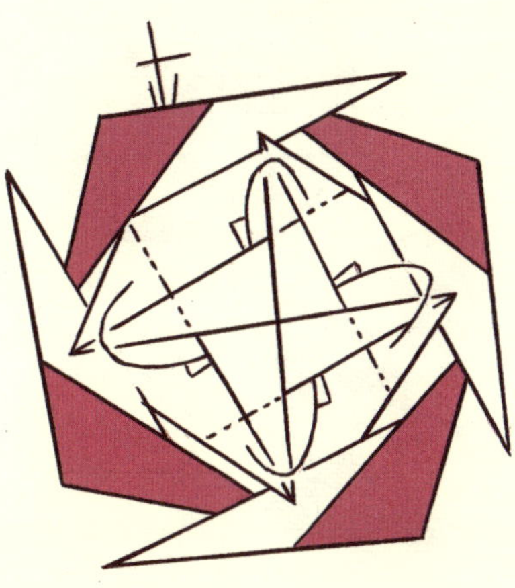

⑥

CAMA

Por SATOSHI TAKAGI
variante V. Palacios

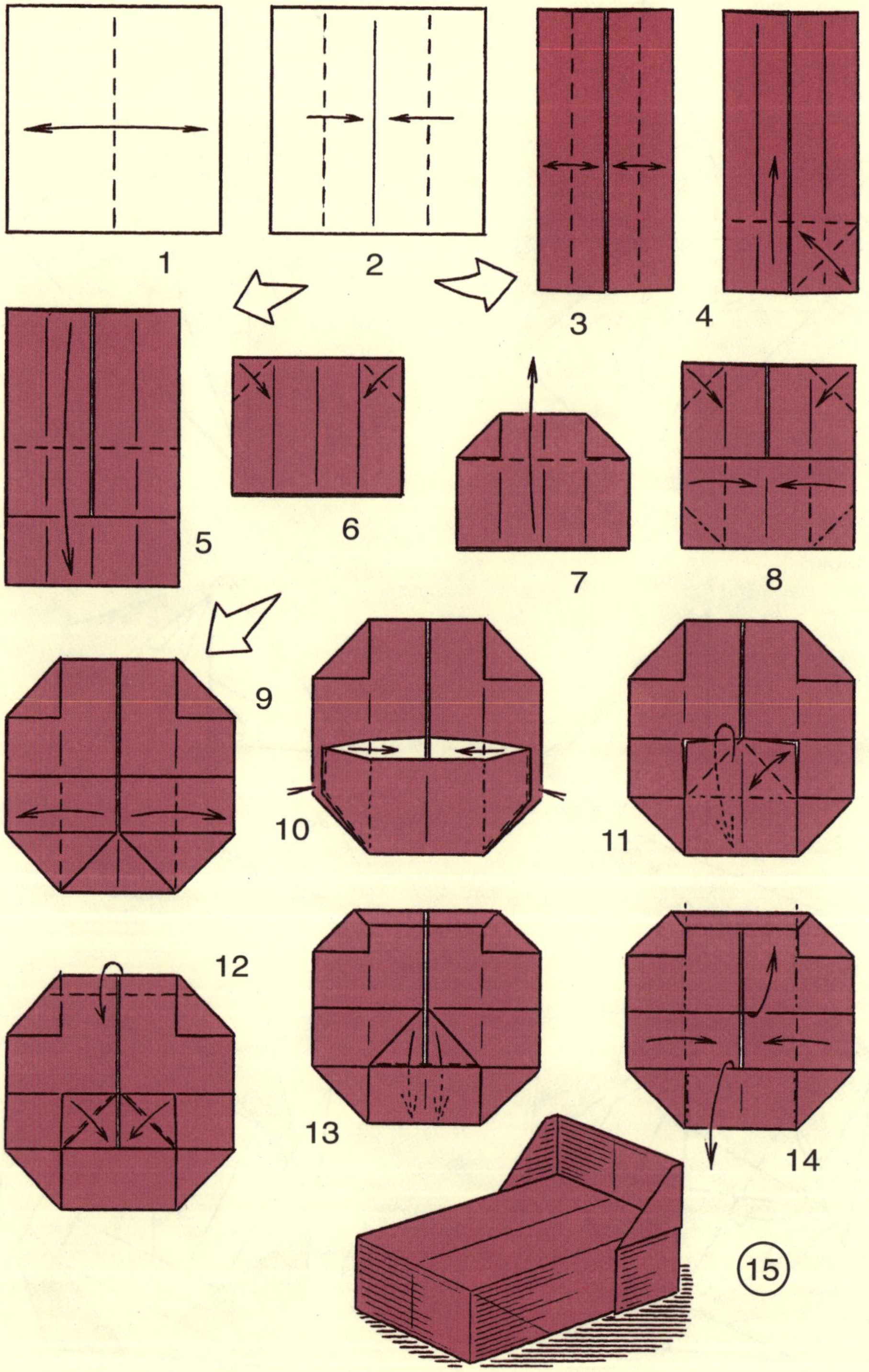

SALTAMONTES

Por FCO. J. CABOBLANCO

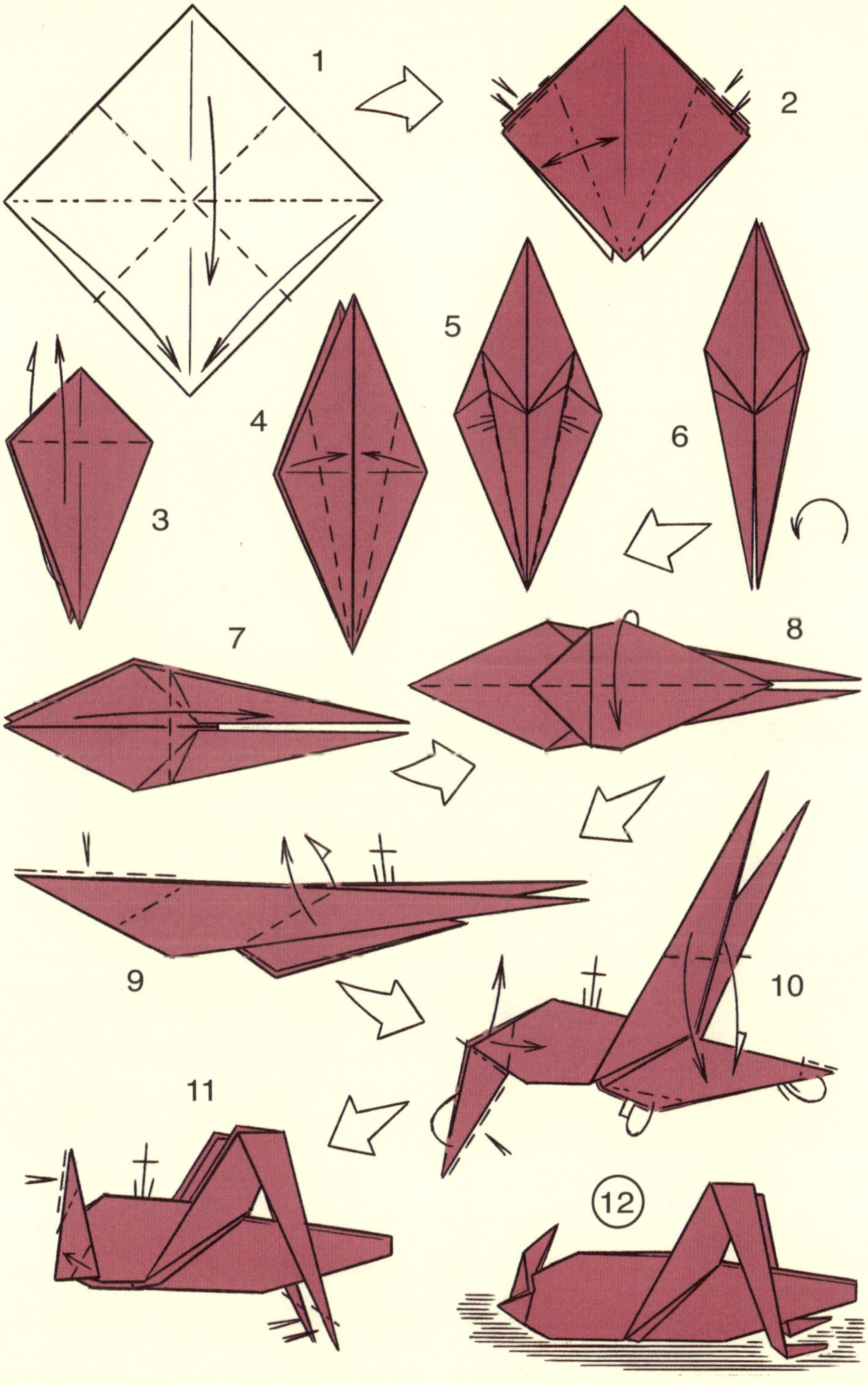

RECIPIENTE - 1

Por GAY MERRIL GROSS

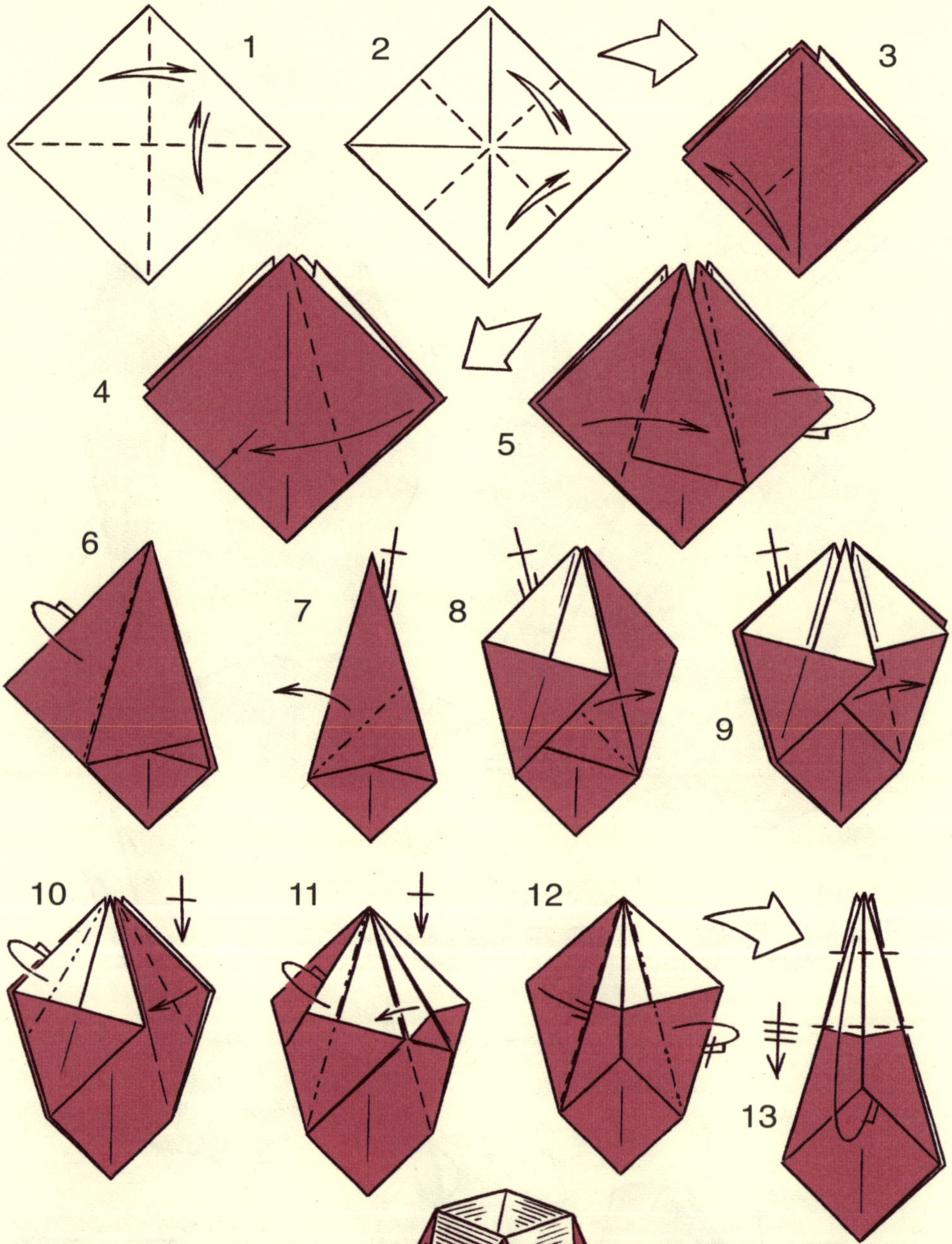

Finalmente ahuecamos la figura:

AVIÓN DE LÍNEA, A REACCIÓN Por FRANCISCO J. CABOBLANCO

FUSELAJE

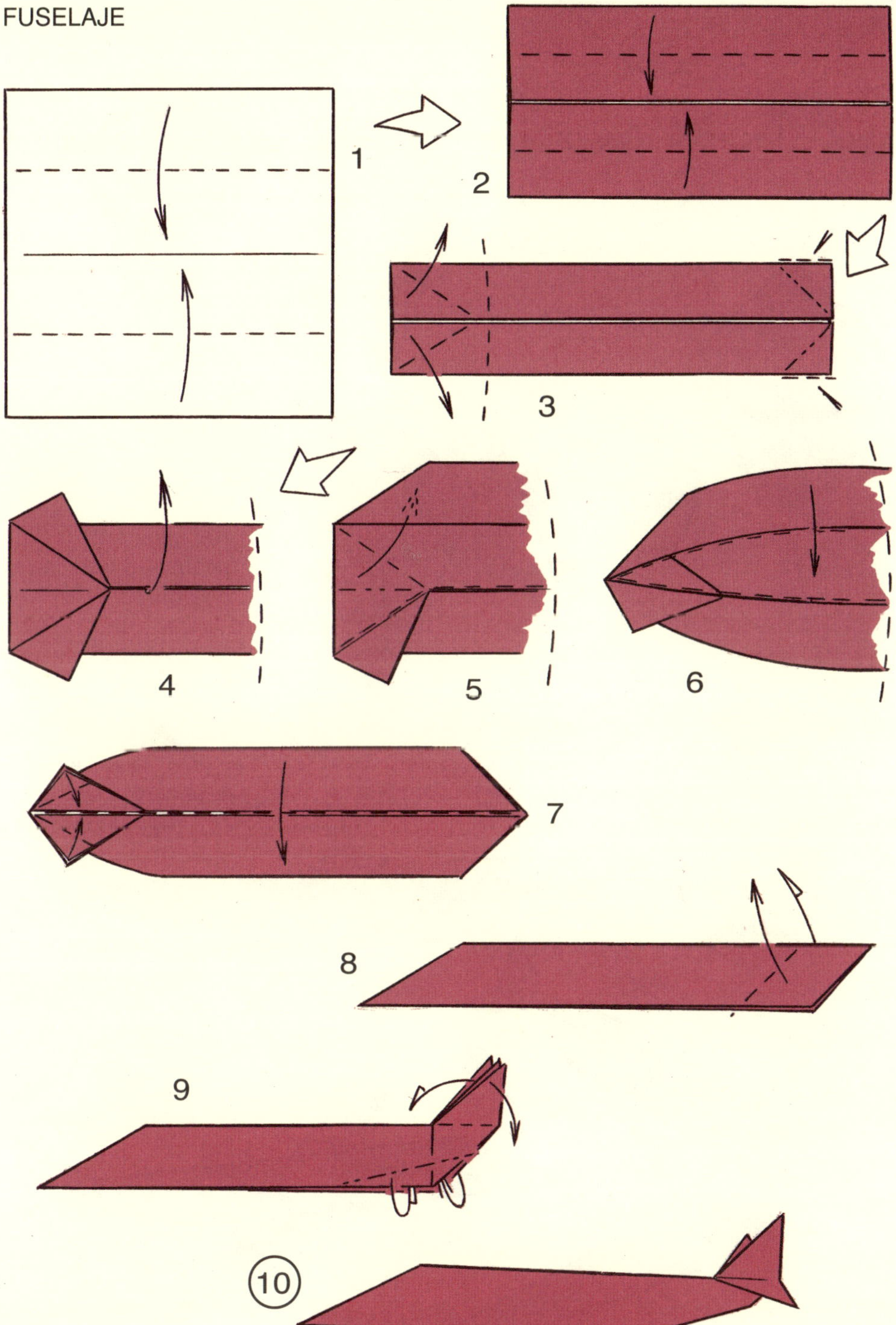

Mitad de un cuadrado como el del fuselaje.

ALAS

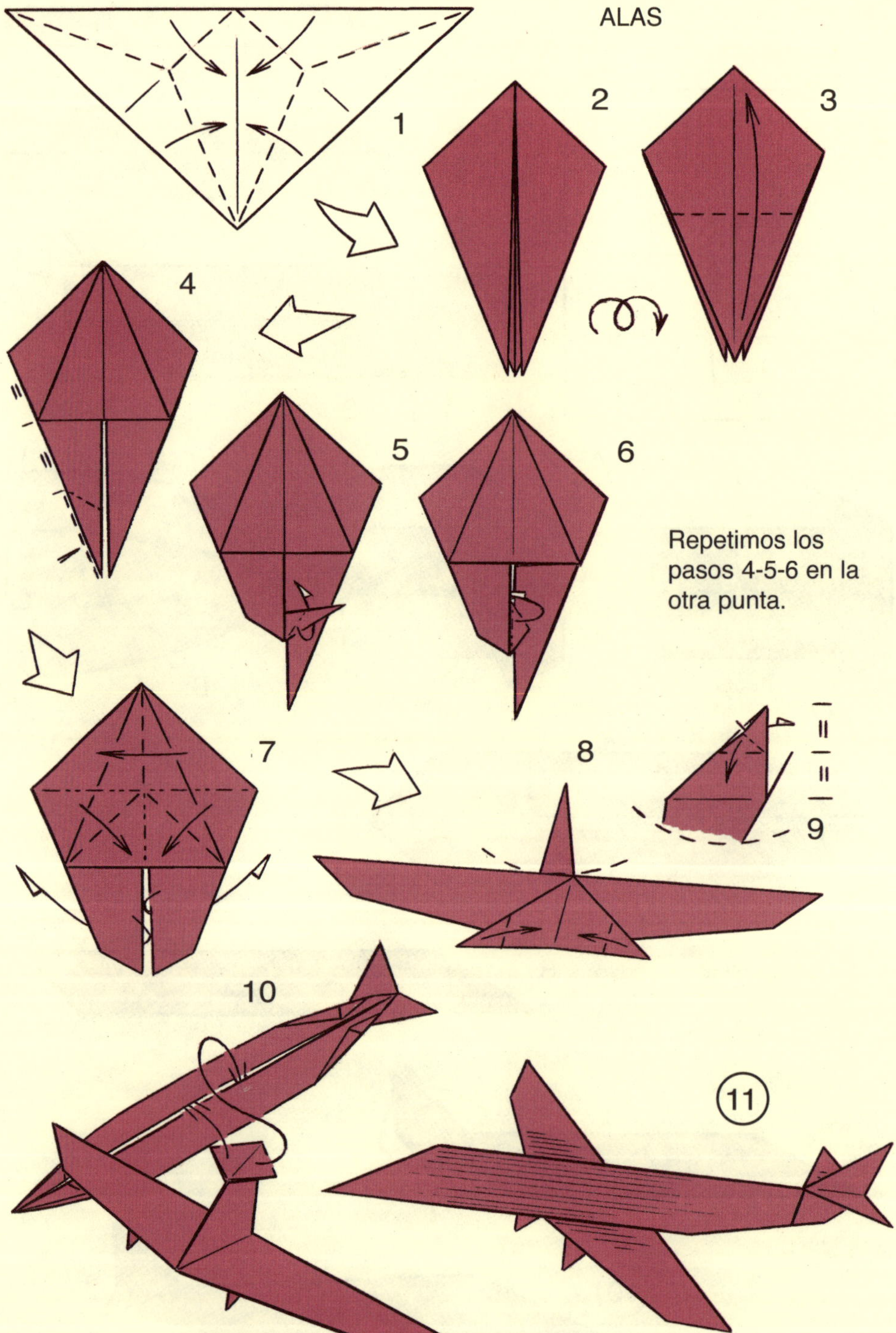

CUBOS EMPOTRADOS

Por FRANCISCO J. CABOBLANCO

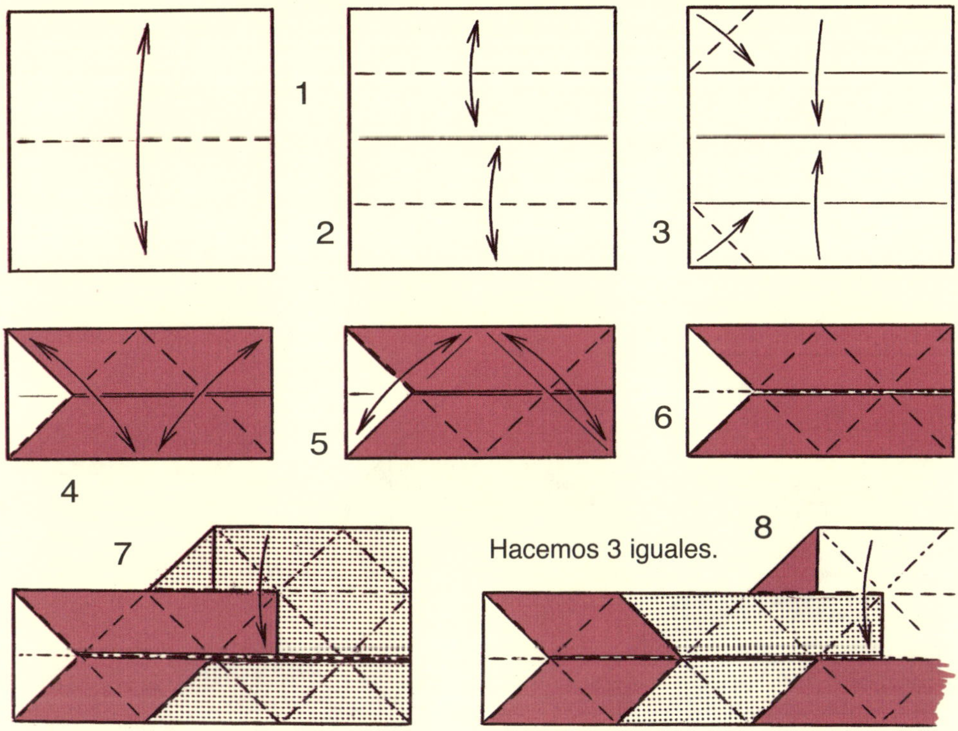

Unimos así los cuatro módulos, y el primero con el último.

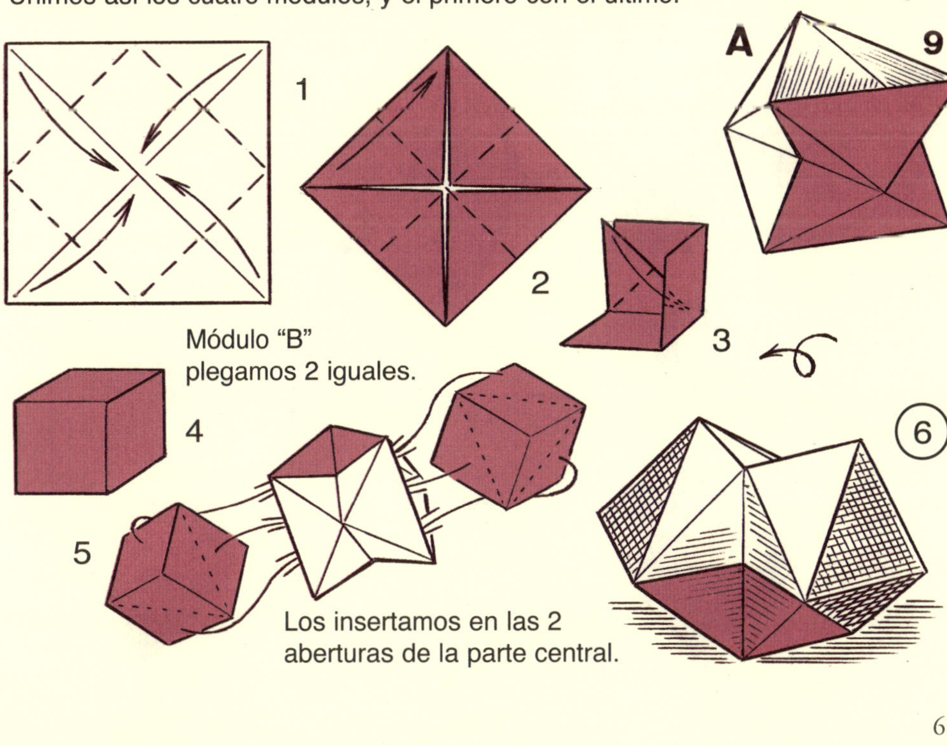

NIDO CON PAJARITOS

Variante por
GUILLERMO ÁLVAREZ ROCES

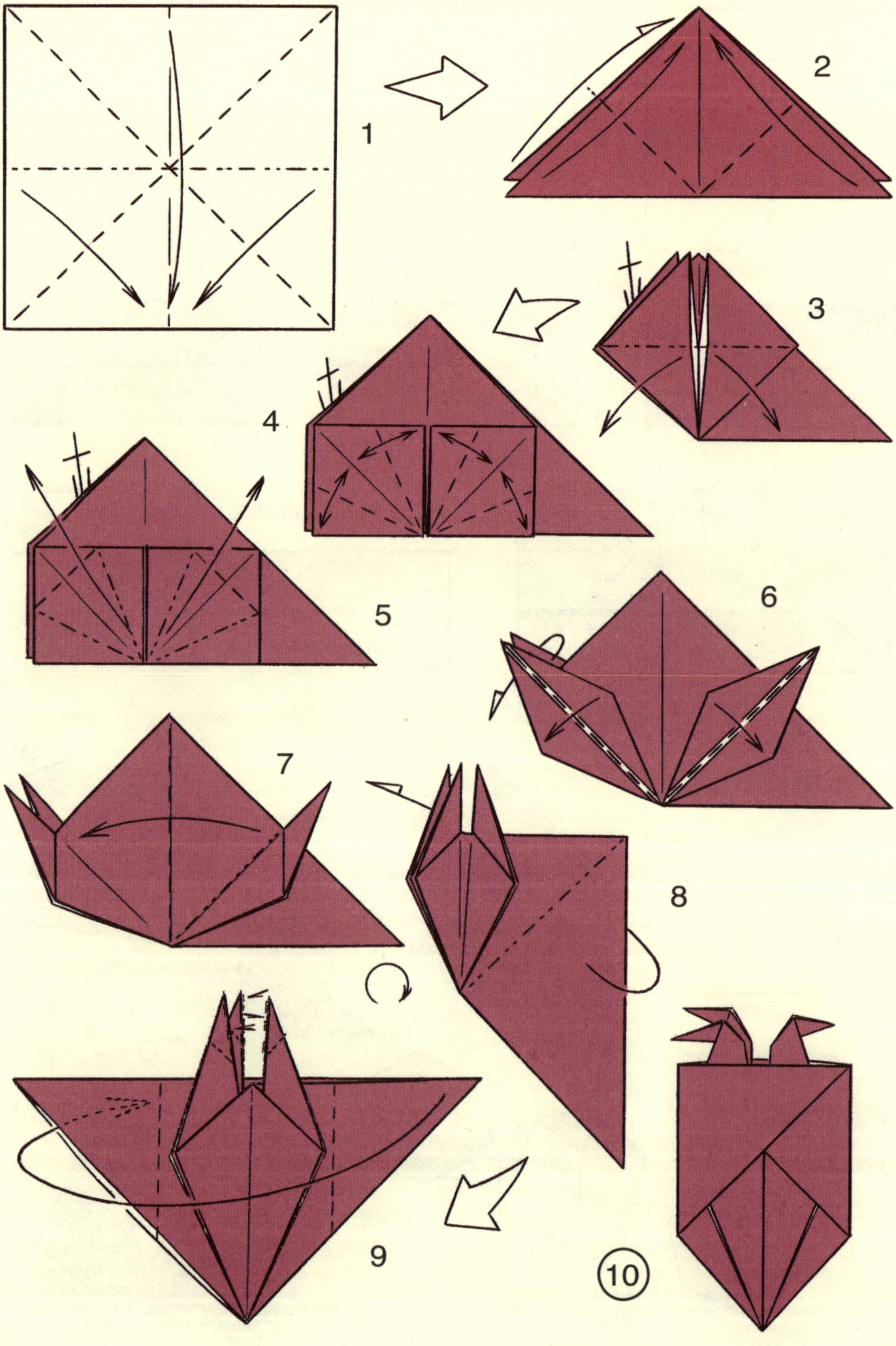

COCHE ANTIGUO - 1

Por FCO. J. CABOBLANCO

PARTE DELANTERA

PARTE TRASERA

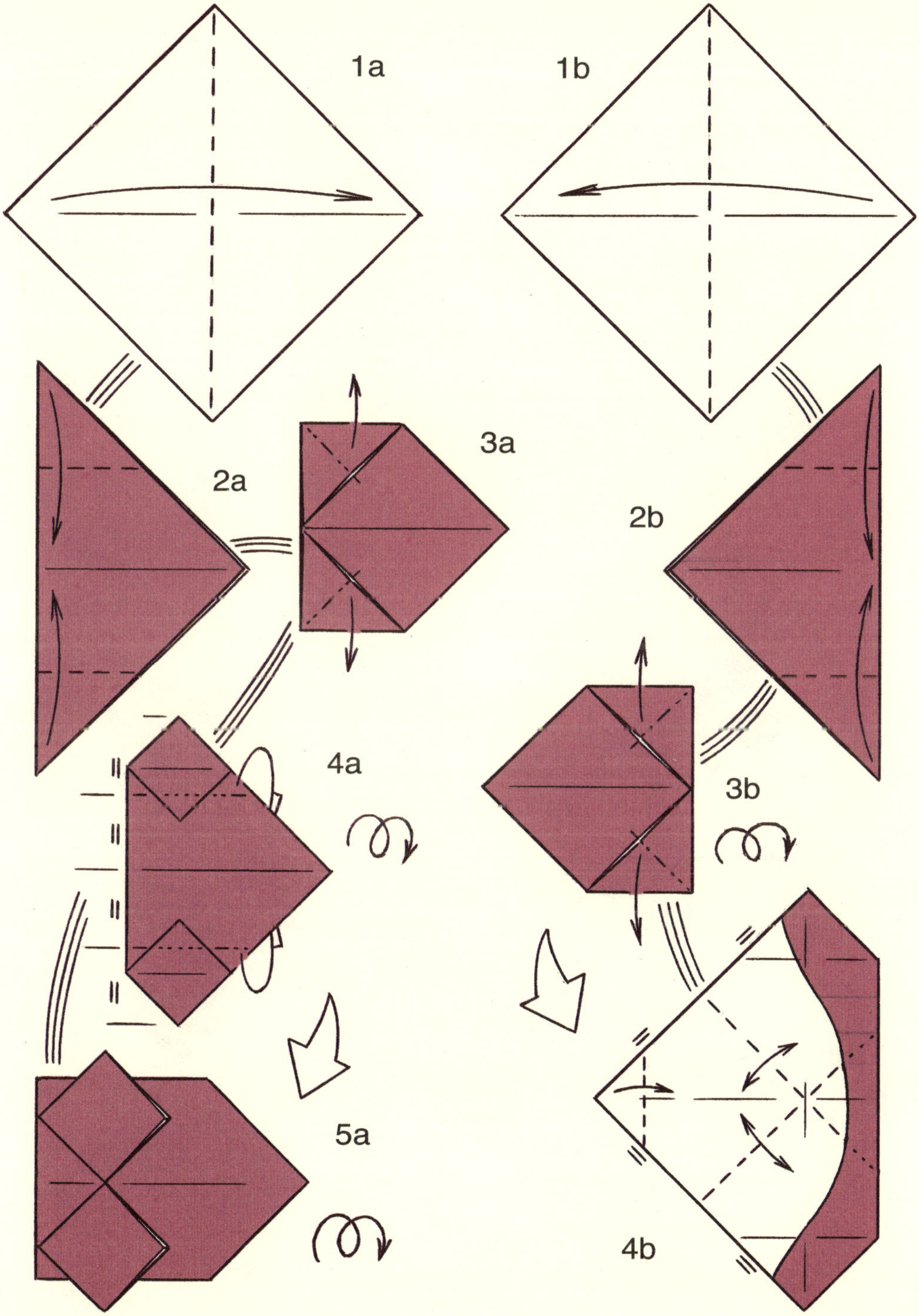

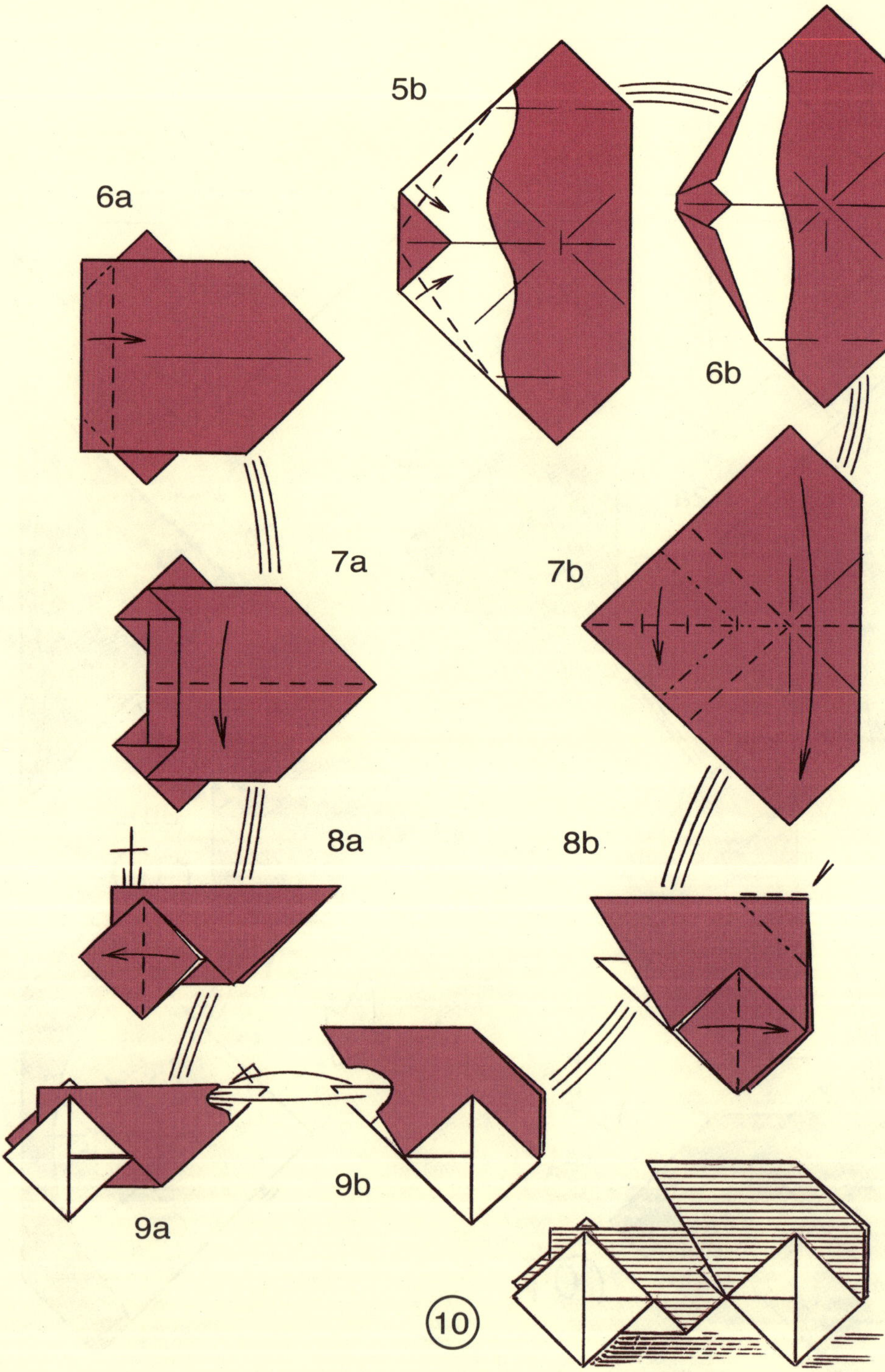
5b
6b
6a
7a
7b
8a
8b
9a
9b
10

COCHE ANTIGUO - 2 **Por FRANCISCO J. CABOBLANCO**

PARTE DELANTERA

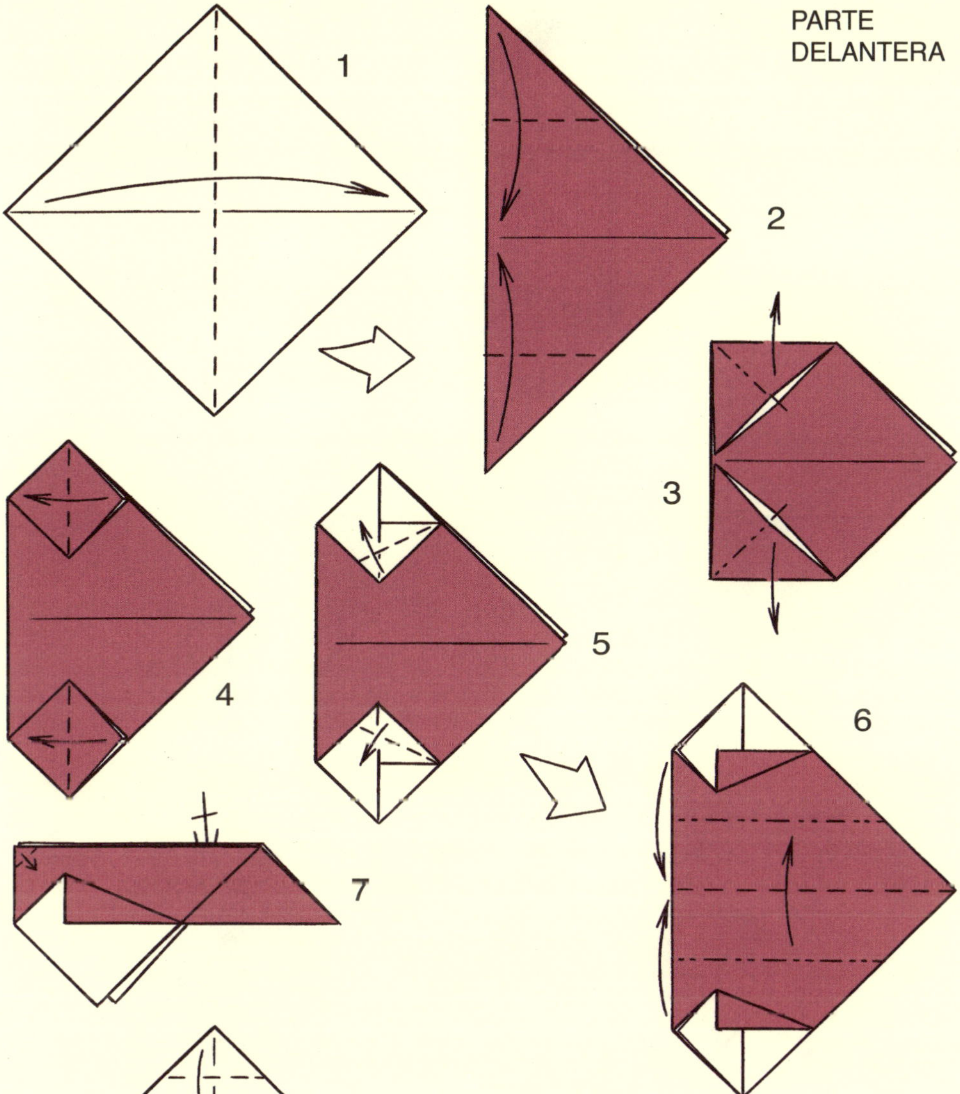

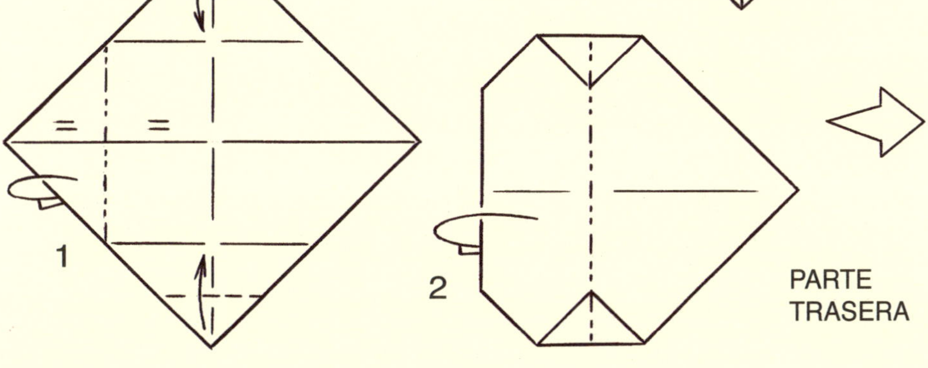

PARTE TRASERA

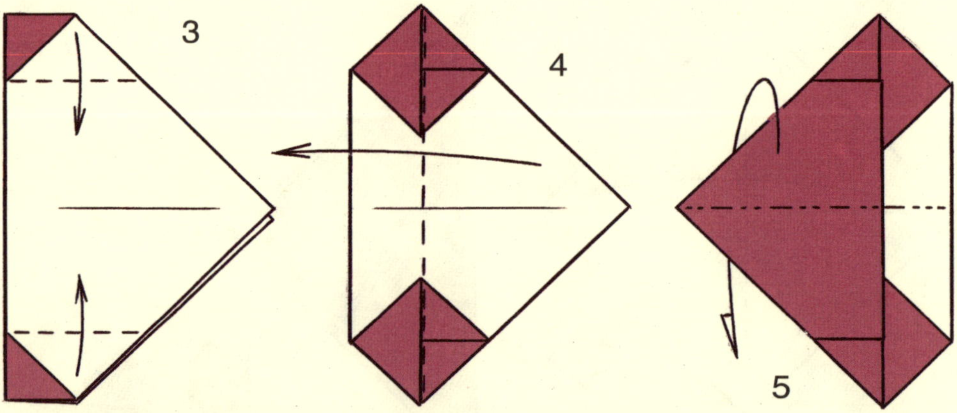

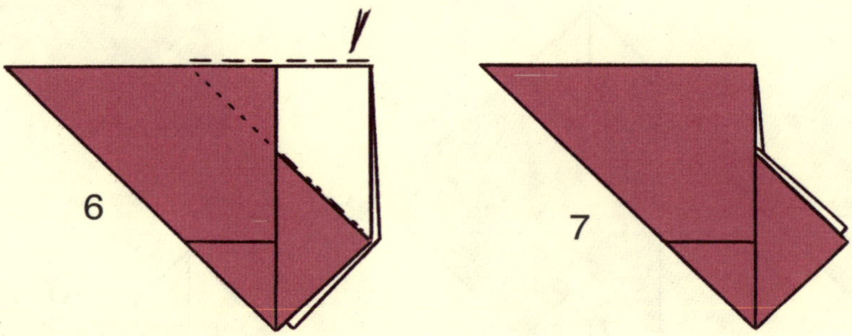

UNIÓN:
fig. 7 de parte delantera
y fig. 7 de parte trasera.

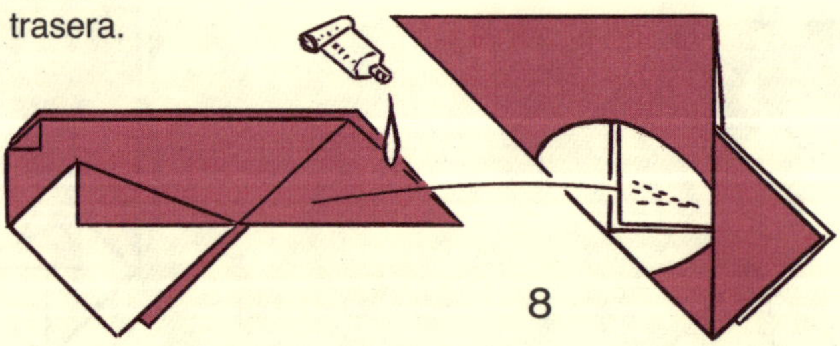

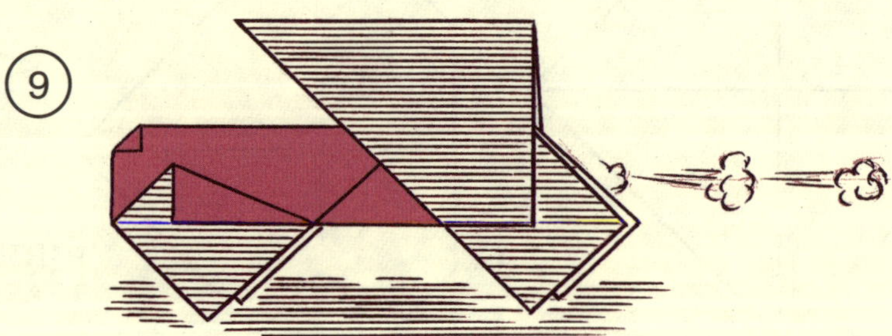

COCHE ANTIGUO - 3

Por FANCISCO J. CABOBLANCO

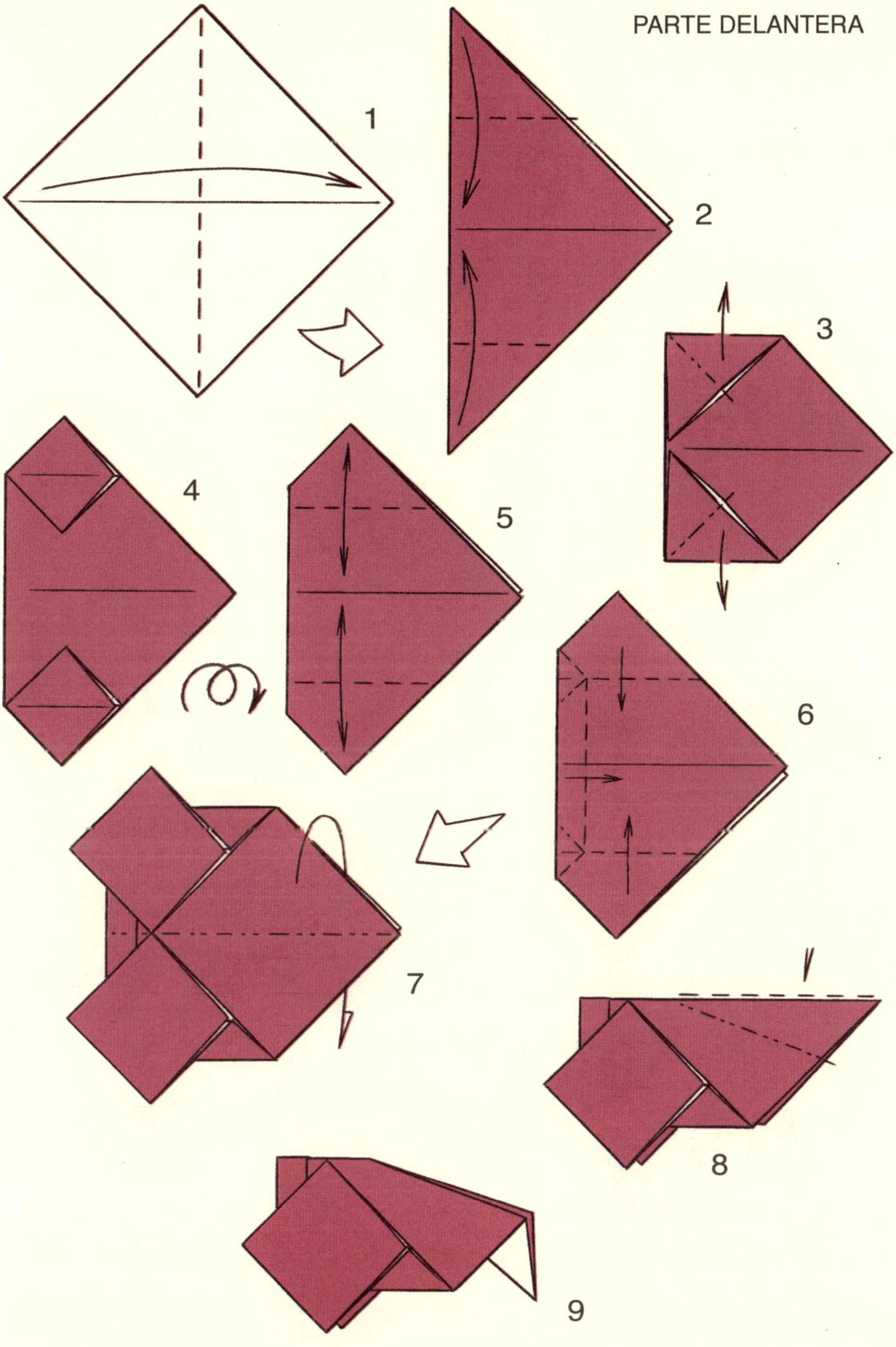

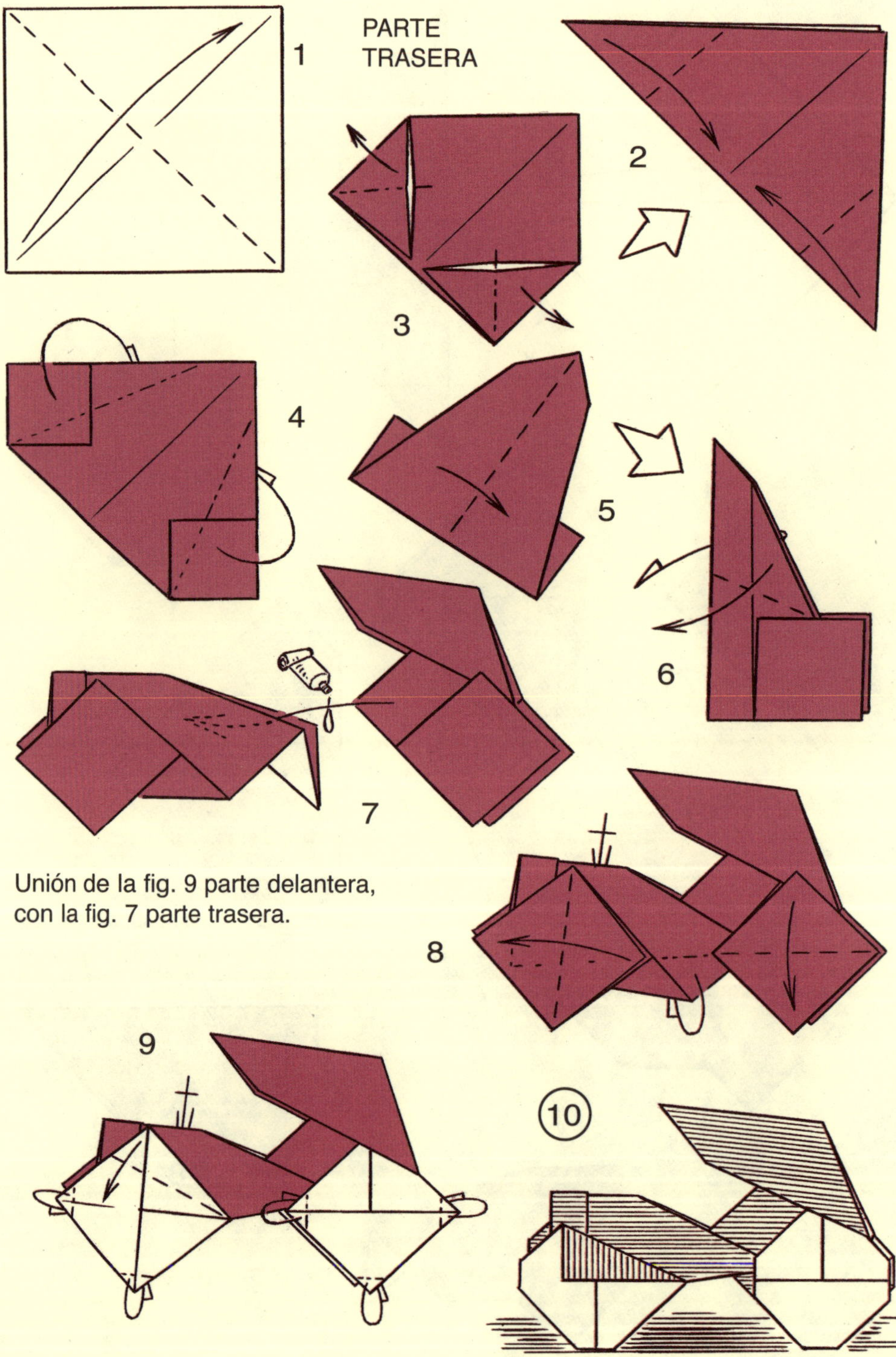

Unión de la fig. 9 parte delantera, con la fig. 7 parte trasera.

CRUZ DE MALTA, VIRADA

Por FRANCISCO J. CABOBLANCO

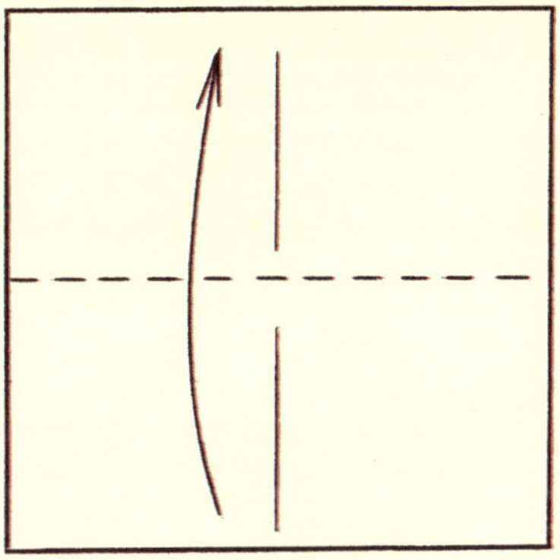

1

2

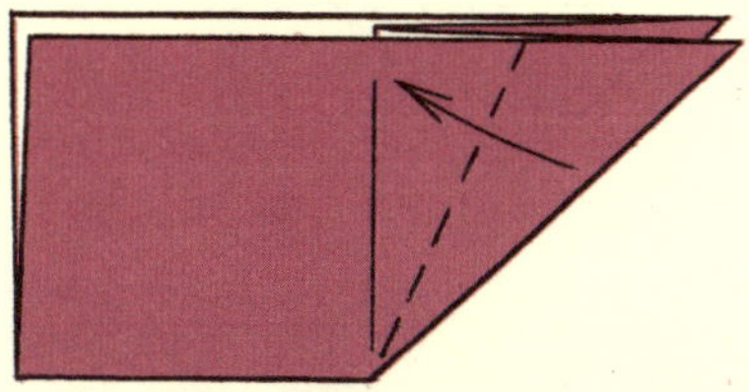

3

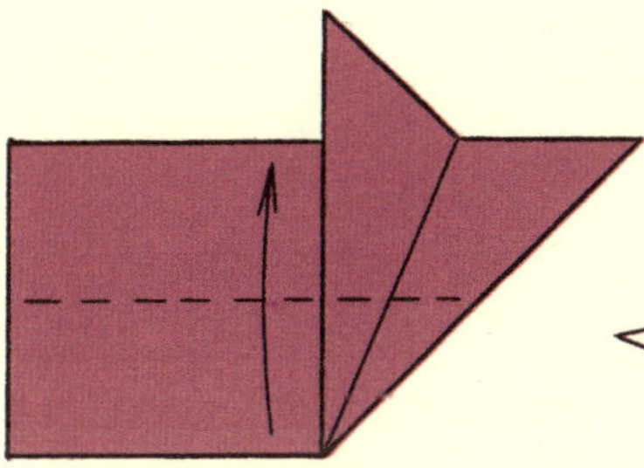

4

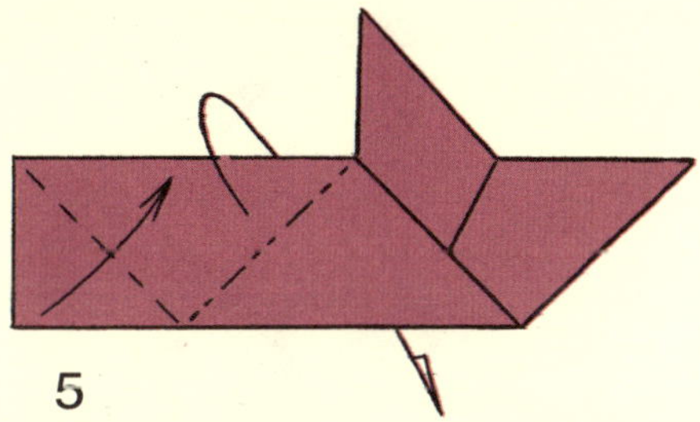

5

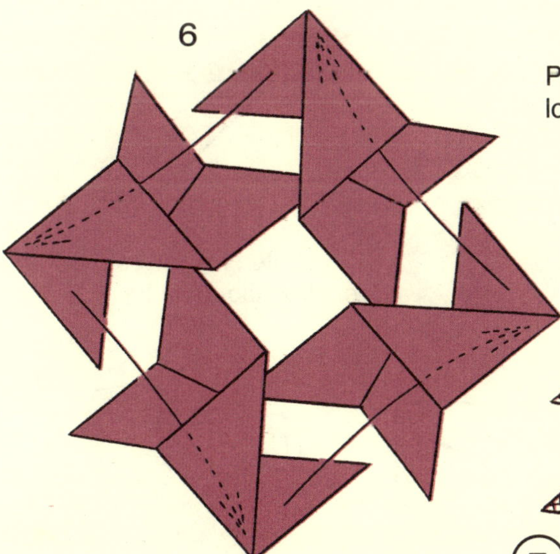

6

Plegamos 4 módulos y los unimos así:

7

MOSCA

Por FRANCISCO J. CABOBLANCO

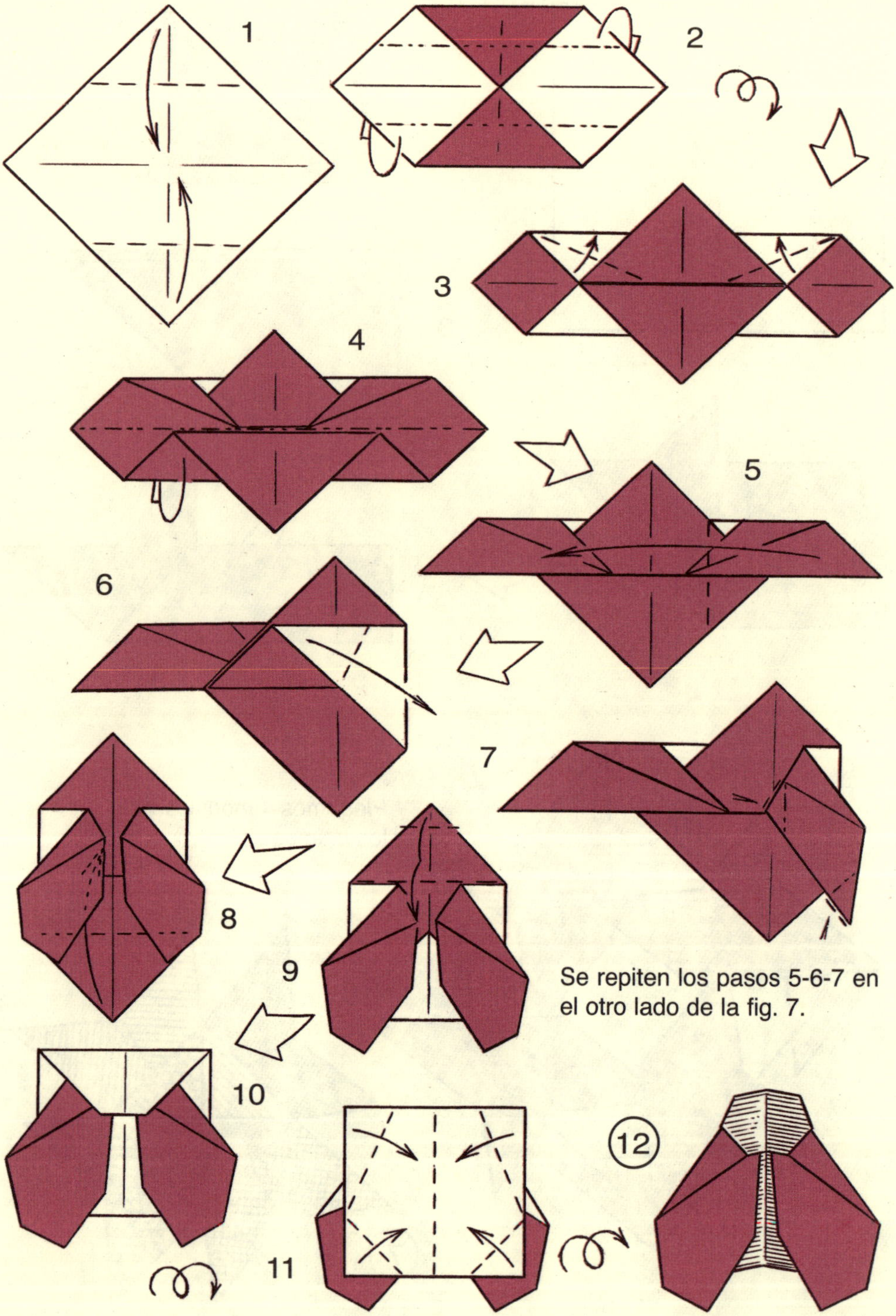

Se repiten los pasos 5-6-7 en el otro lado de la fig. 7.

PERRO SENTADO EMPINADO Variante de uno de TOYOAKI KAWAI

SORPRENDENTE OCTÓGONO

Por FCO. J. CABOBLANCO

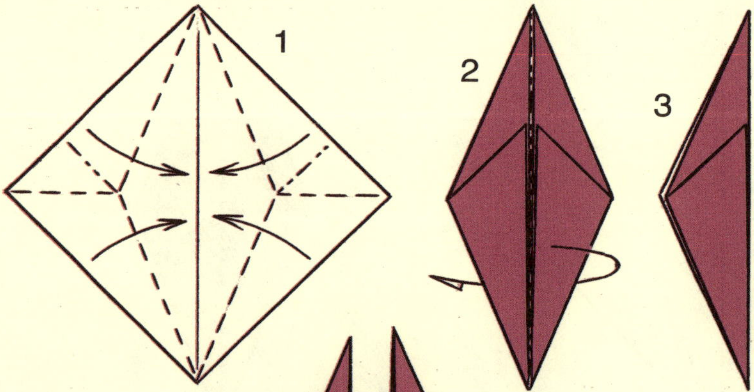

MÓDULO

Plegamos 4 módulos iguales.

Unimos los módulos así:

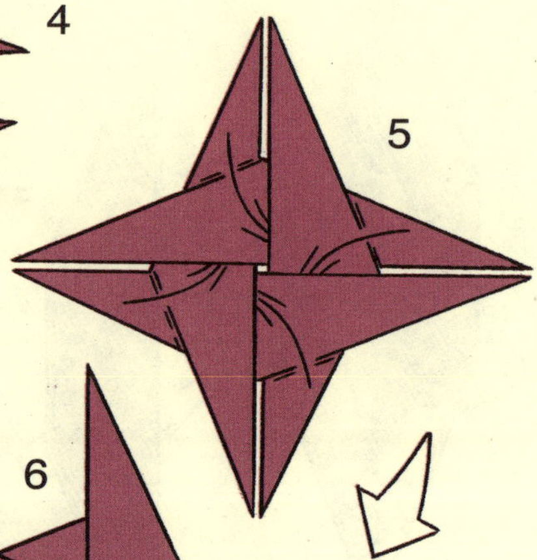

Fig. 8: colocamos la flecha como se indica, en la parte posterior.

Giramos levemente la figura tomando cada vez el octógono por dos de sus extremos.

Veremos la inesperada posicion que ocupa cada vez la flecha posterior, con relación a la de la anterior.

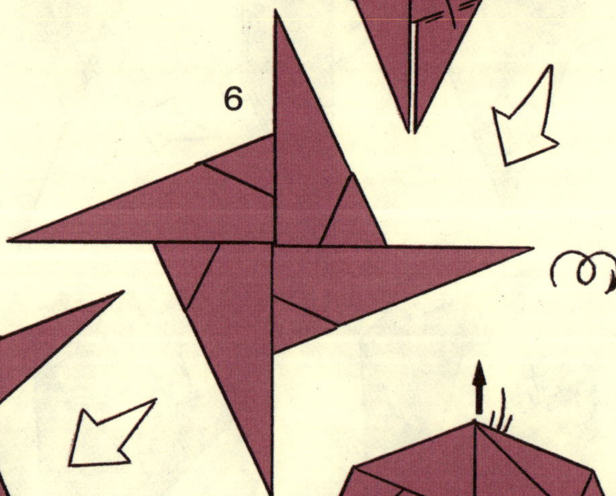

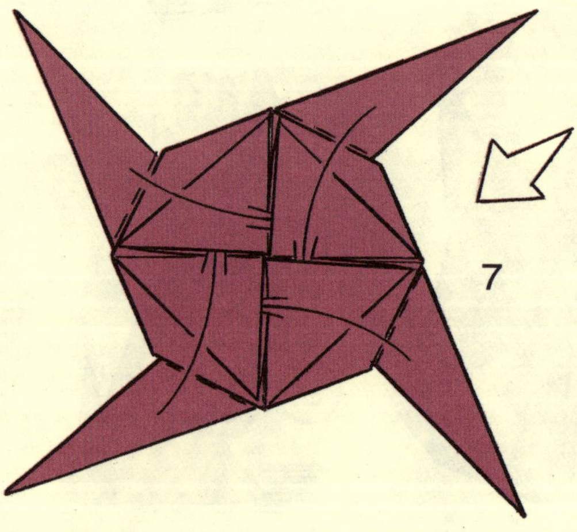

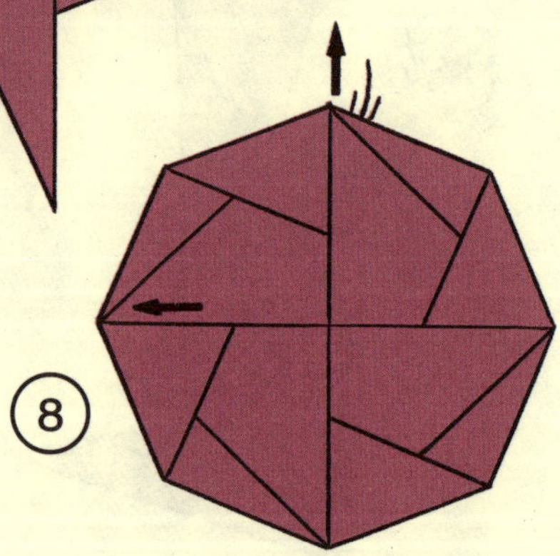

BARCA

Por V. PALACIOS

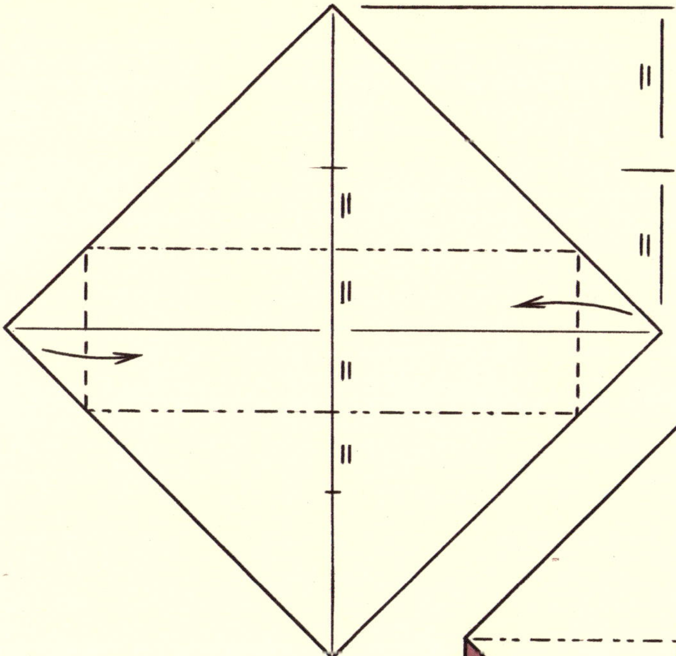

1

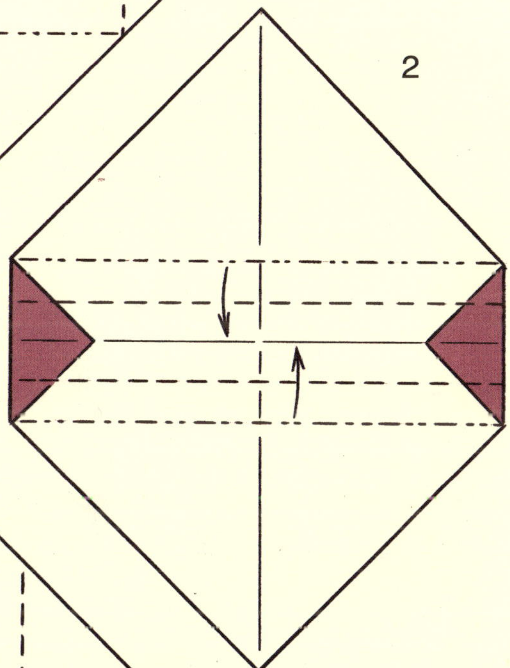

2

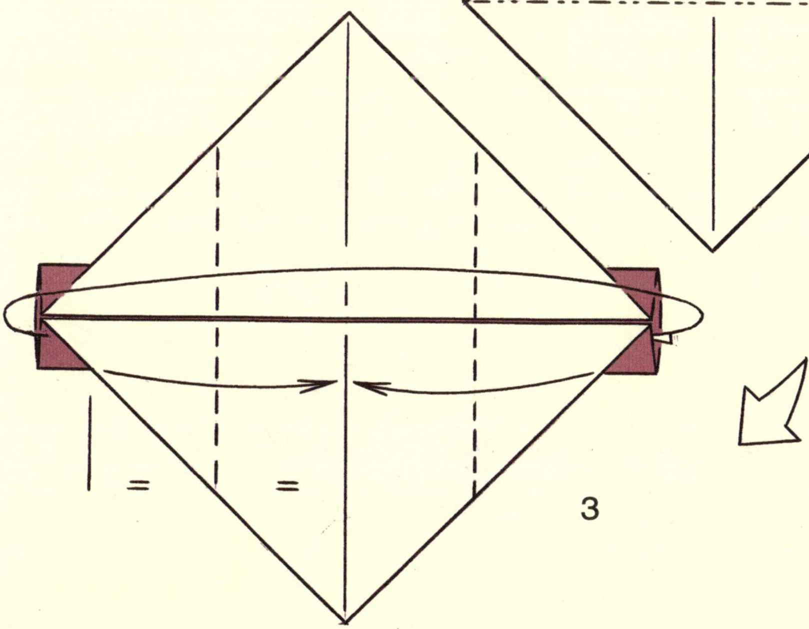

3

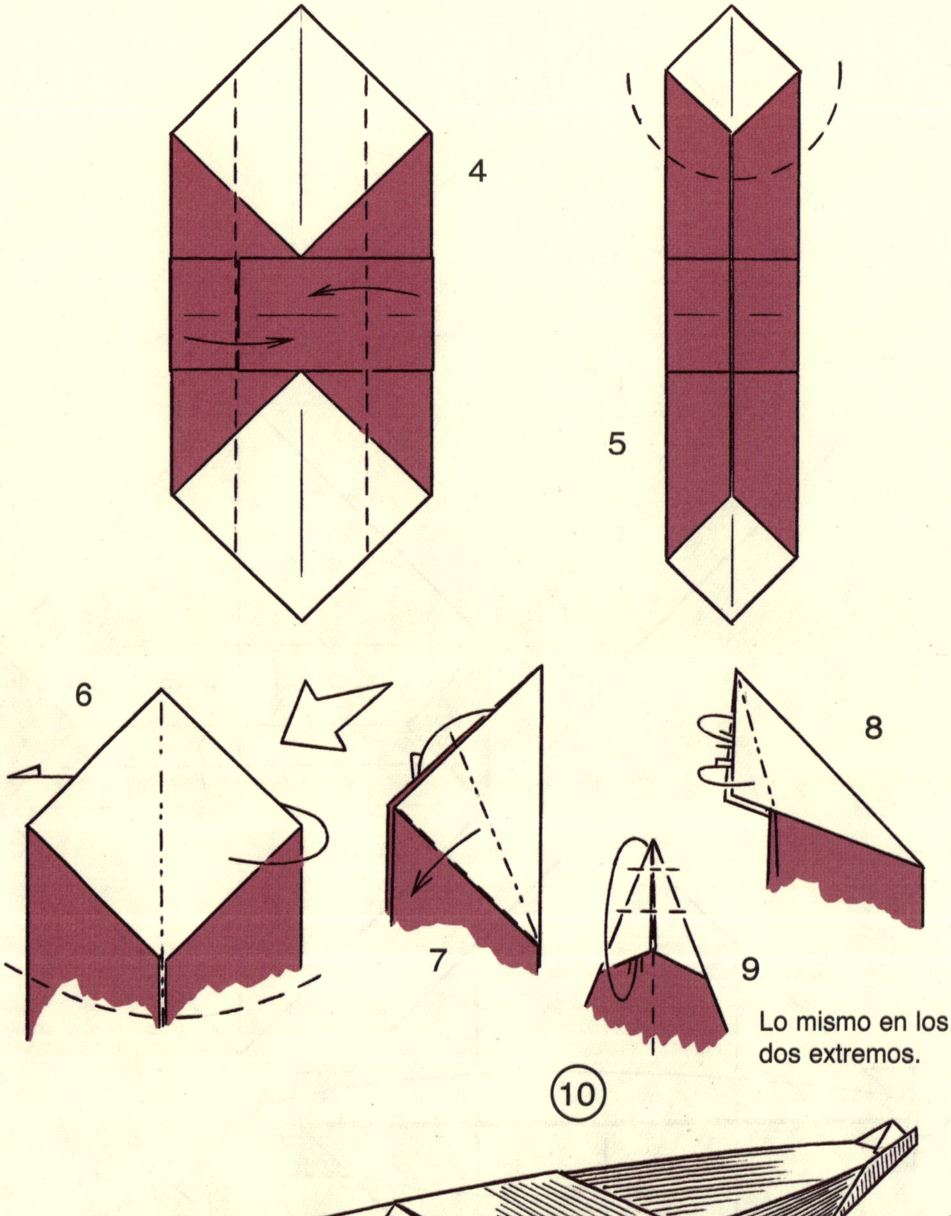

Lo mismo en los dos extremos.

10

CONEJO - 2

Por FRANCISCO J. CABOBLANCO

CABEZA

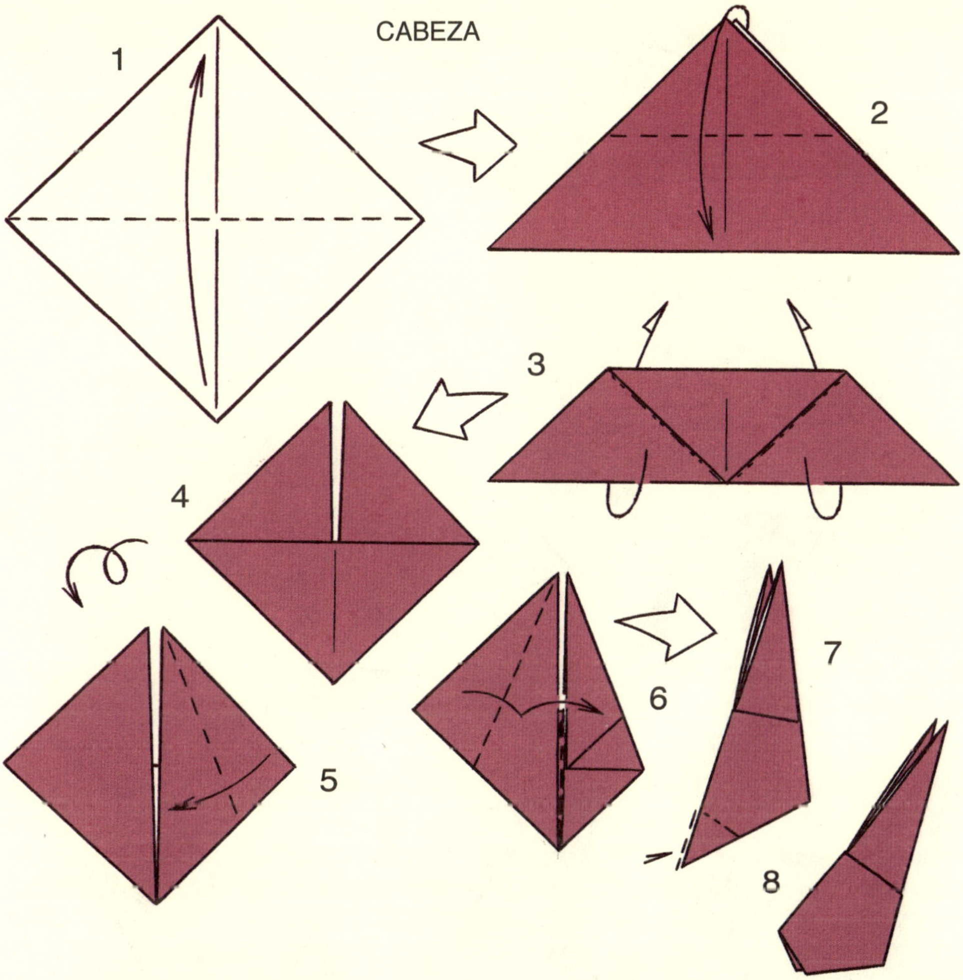

CUERPO

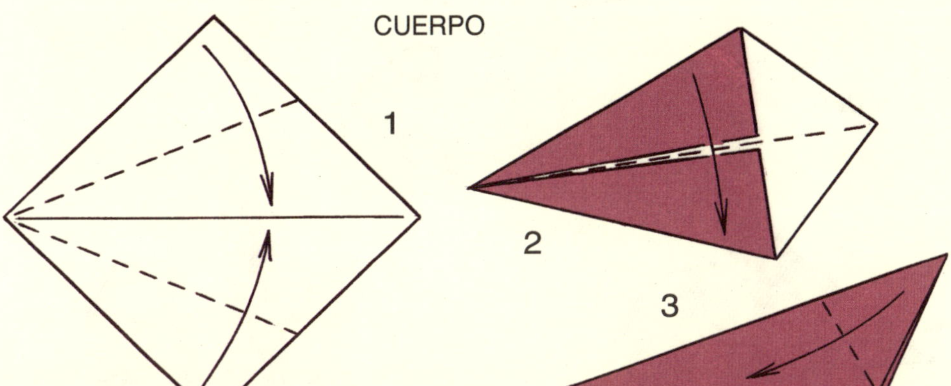

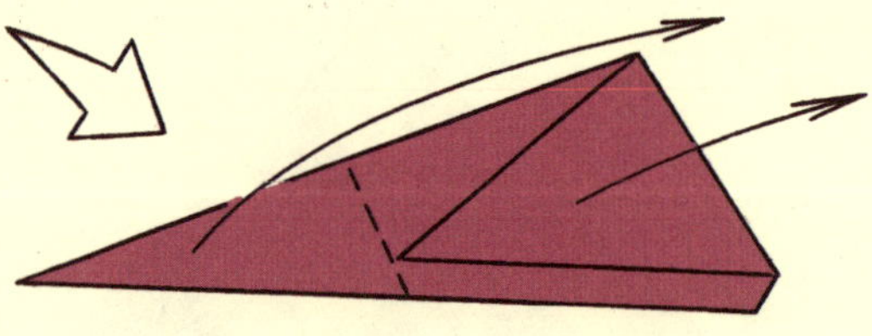

4

5

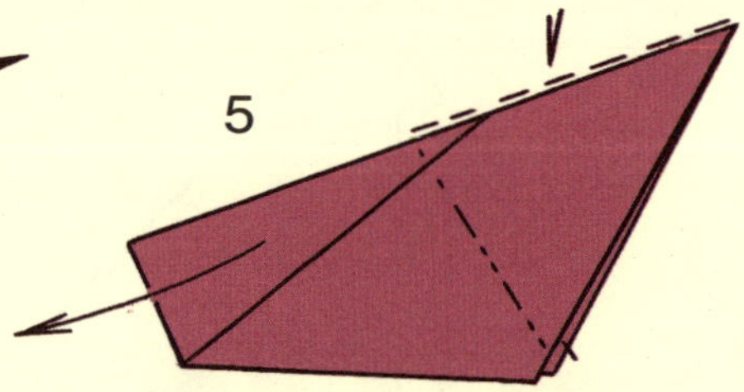

6

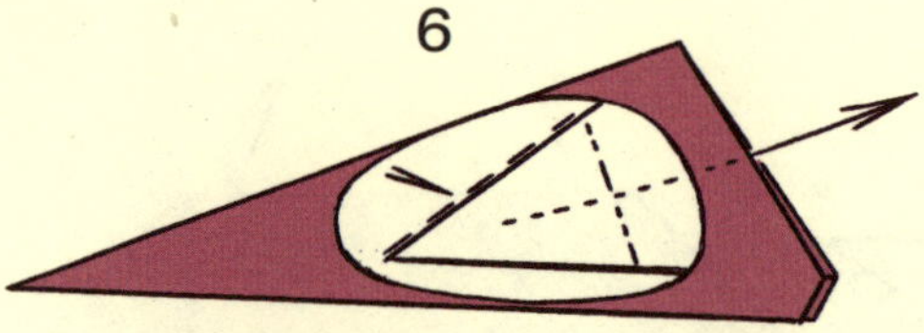

7

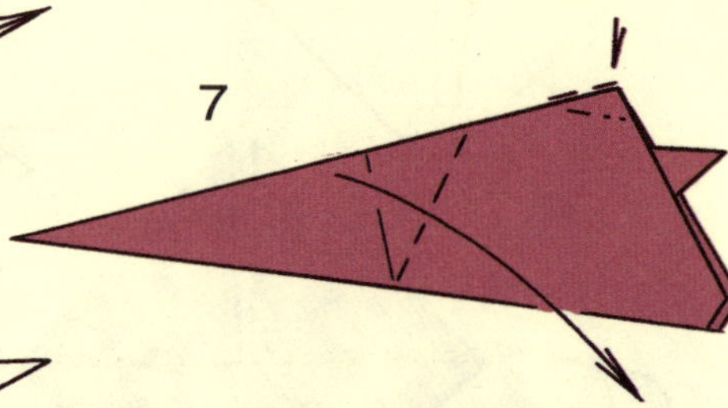

8

9

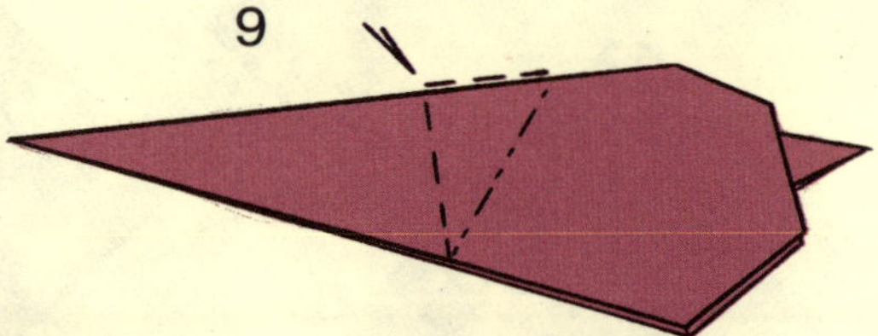

10

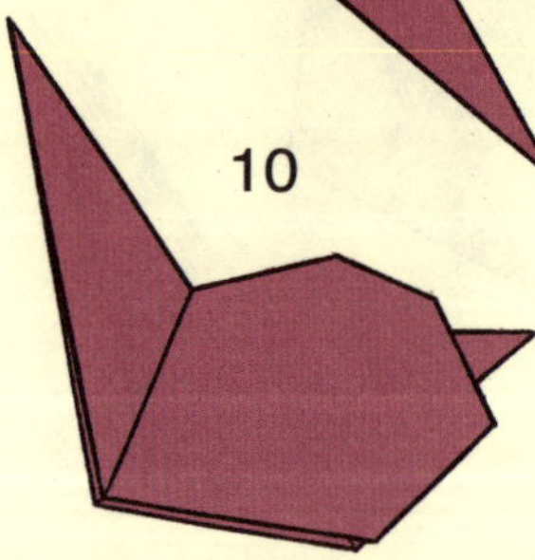

11

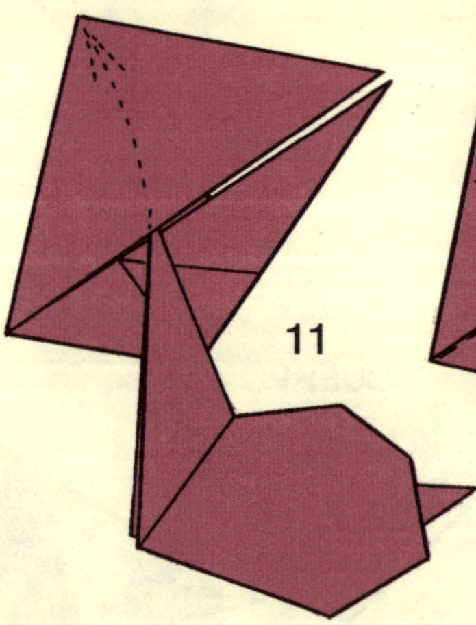

12

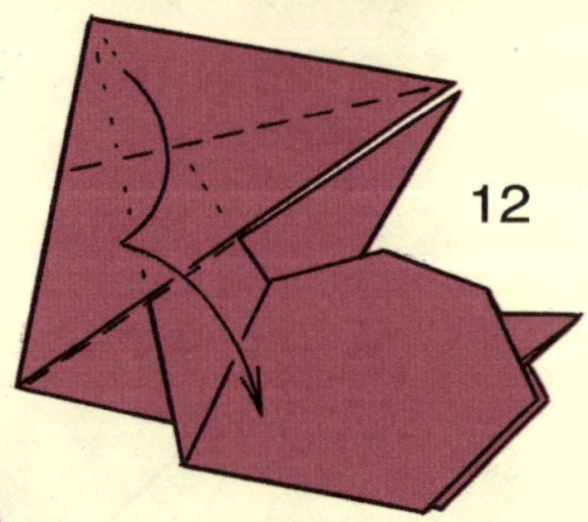

Unión:
fig. 6 de la CABEZA y fig. 10 del CUERPO.

13

14

TÍTERE PARLANCHÍN

Por Mª BELÉN GARRIDO GARRIDO

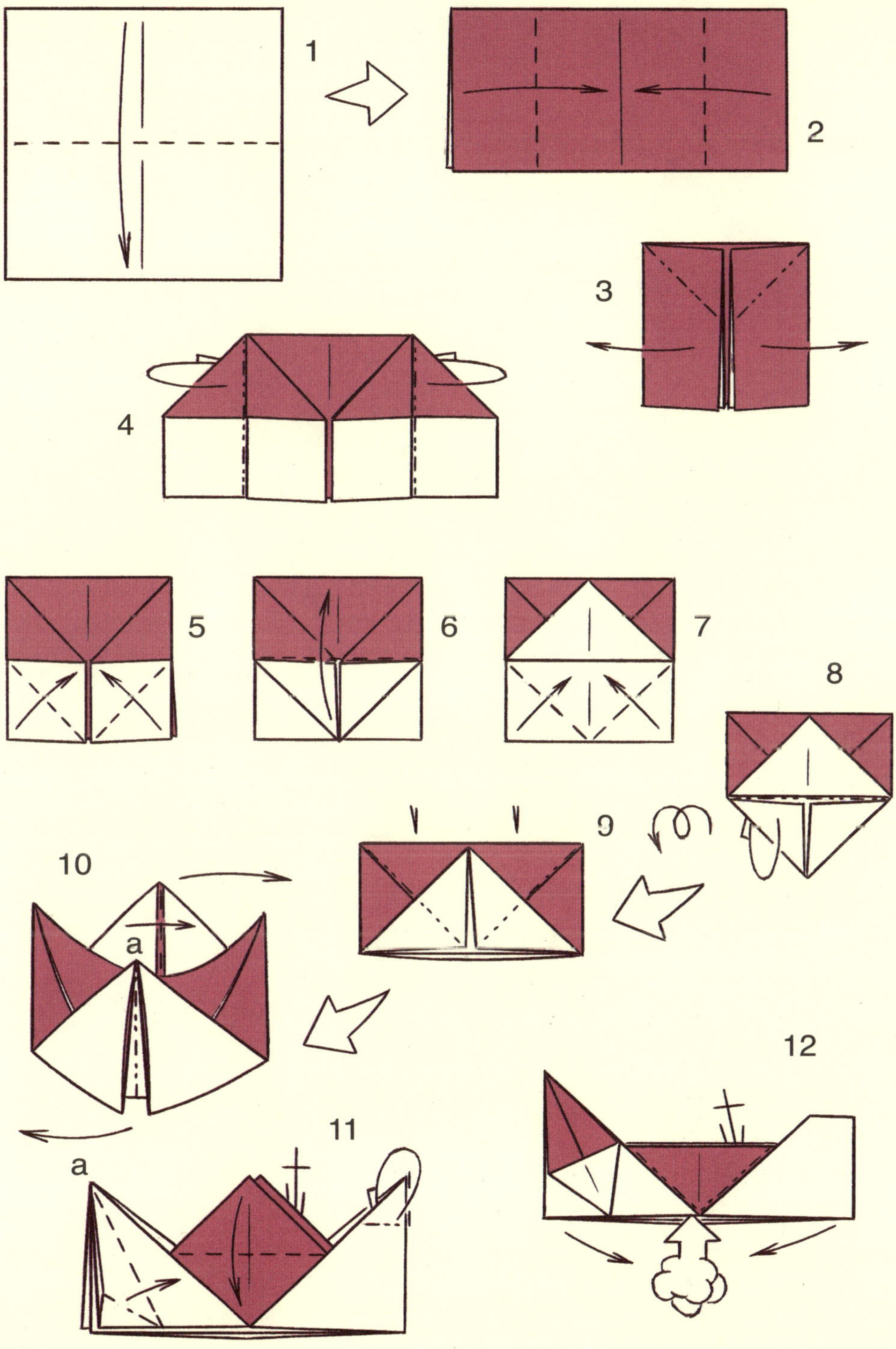

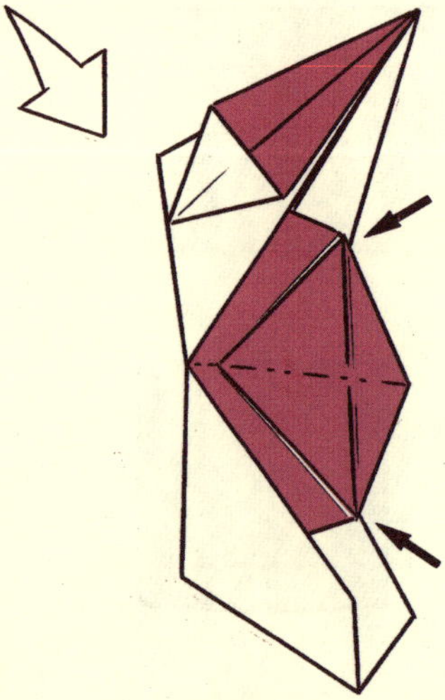

13

Cogemos la figura por los puntos que se indican y apretamos.

14

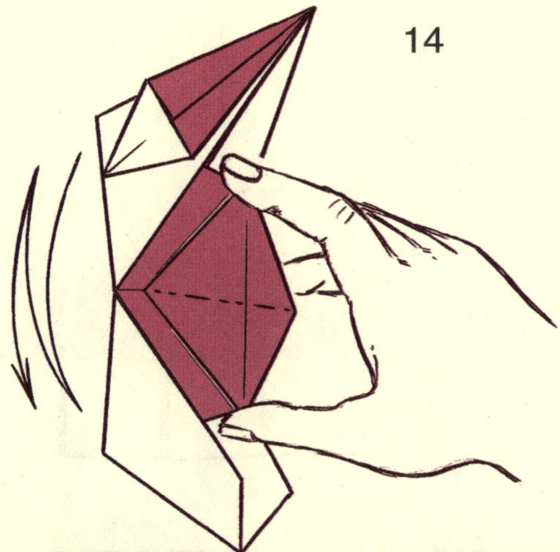

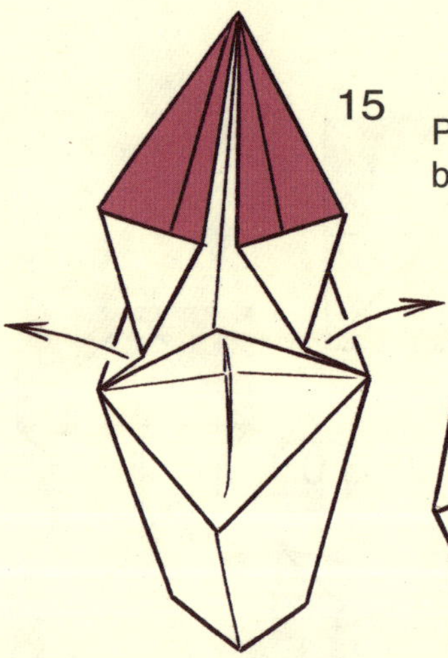

15

Presionando y aflojando, la boca se cierra y se abre.

16

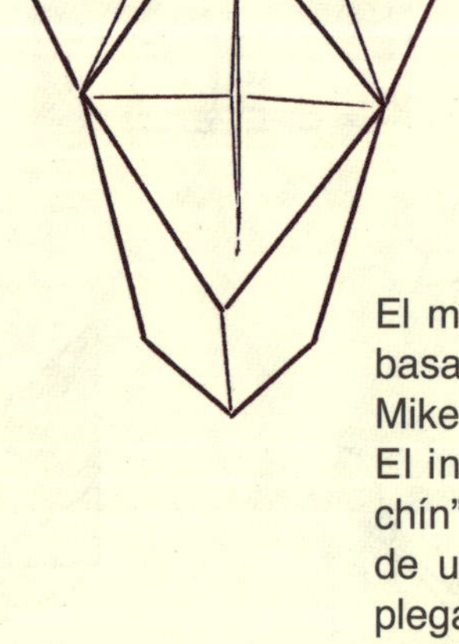

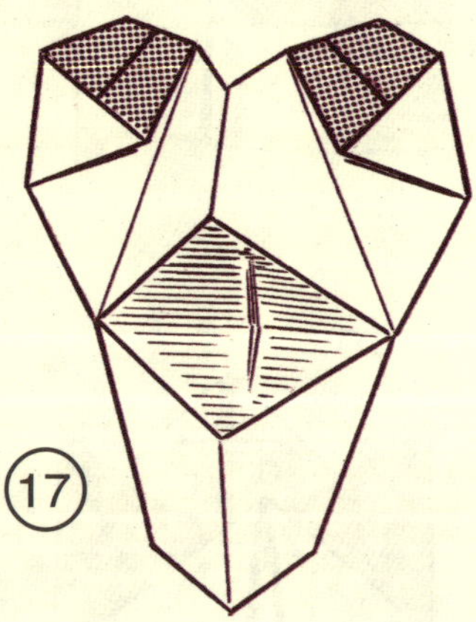

17

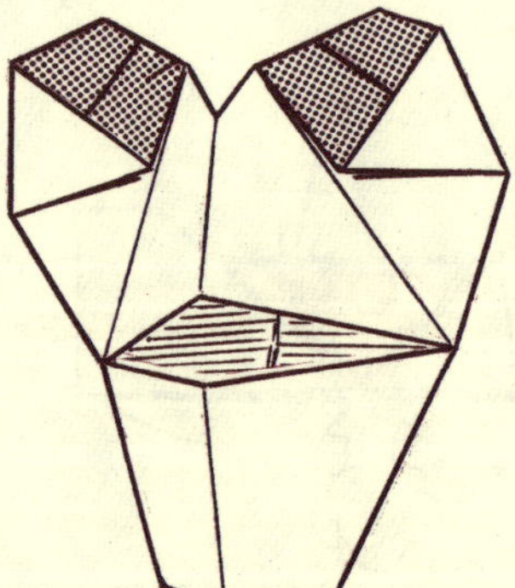

El mecanismo de esta figura está basado en el de una cabeza de Mike Thomas.

El interés de este "títere parlanchín" es que se construye a partir de una simple modificación en el plegado del "Bonete", figura tan tradicional.

Mª Belén Garrido Garrido.

TRINEO **(variante de un barquito chino)** **Por VICENTE PALACIOS**

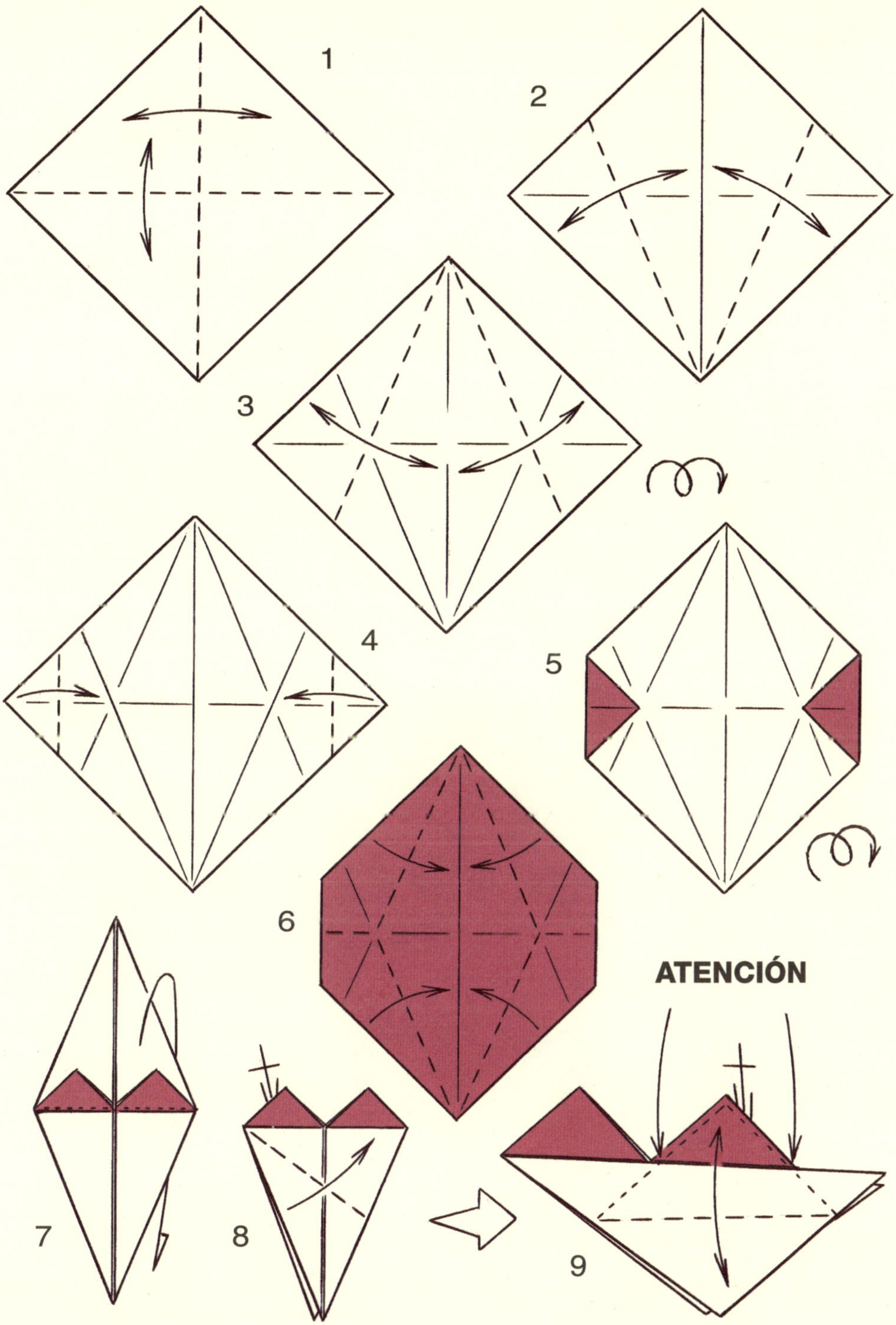

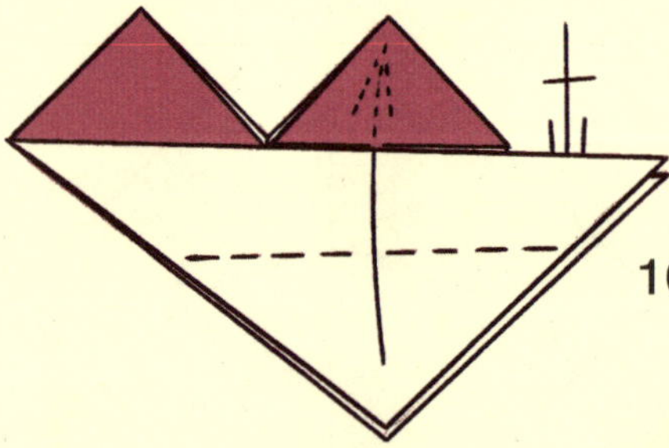

10

11

12a

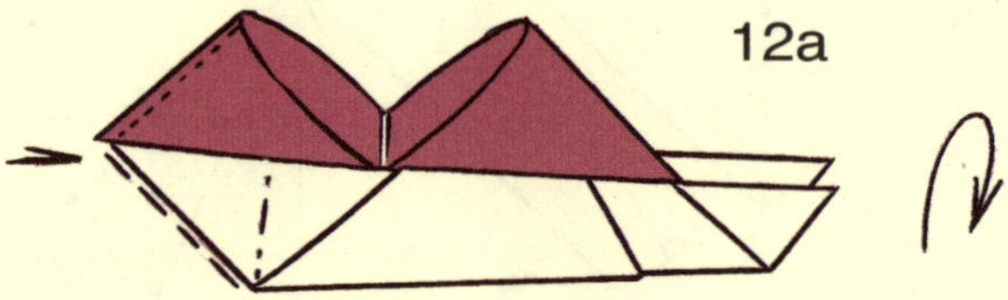

12b

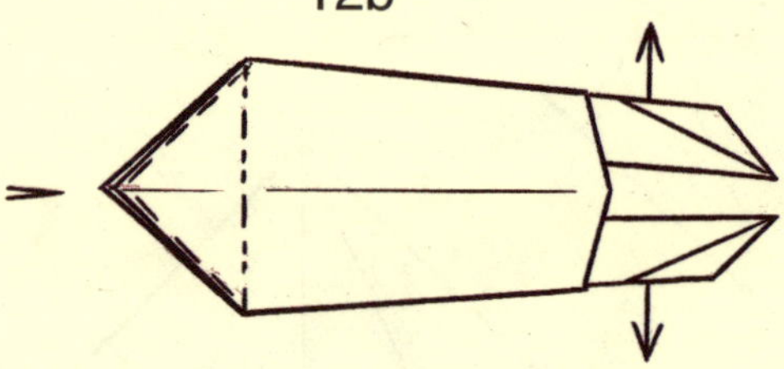

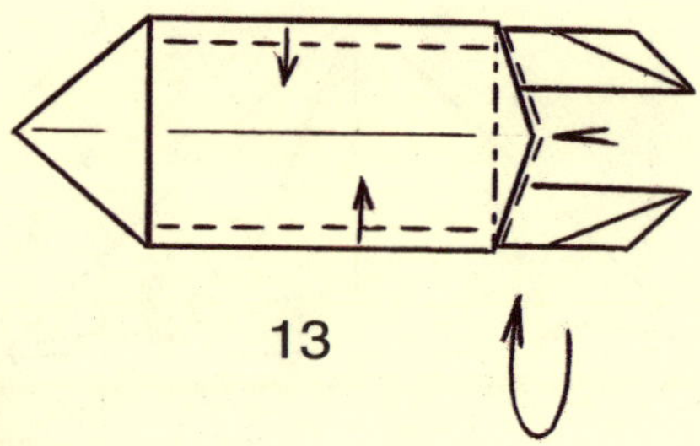

13

(14)

PEZ DE ORO O CARPA DORADA

Por FCO. J. CABOBLANCO

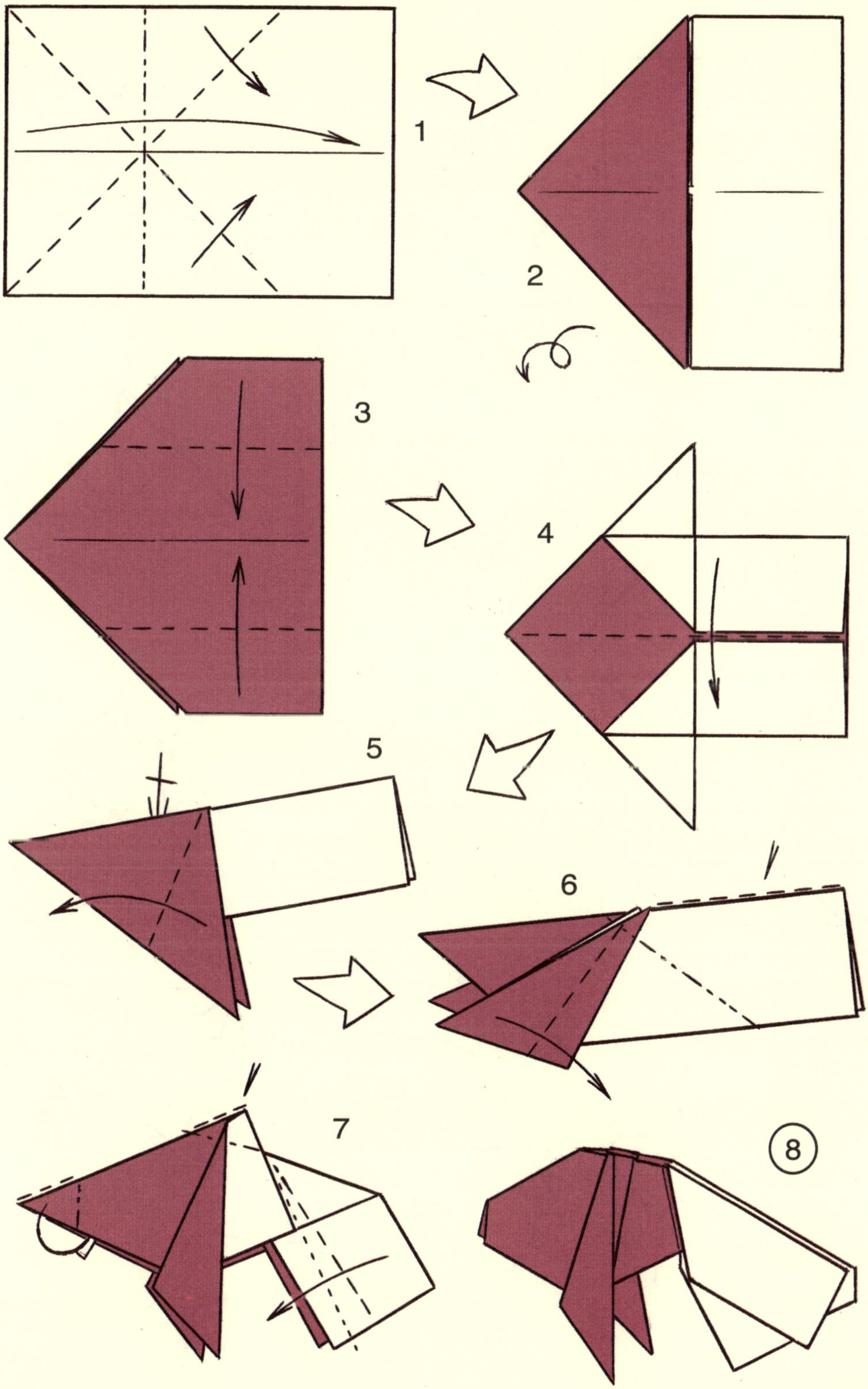

BARCA CERRADA DE DOS ASIENTOS

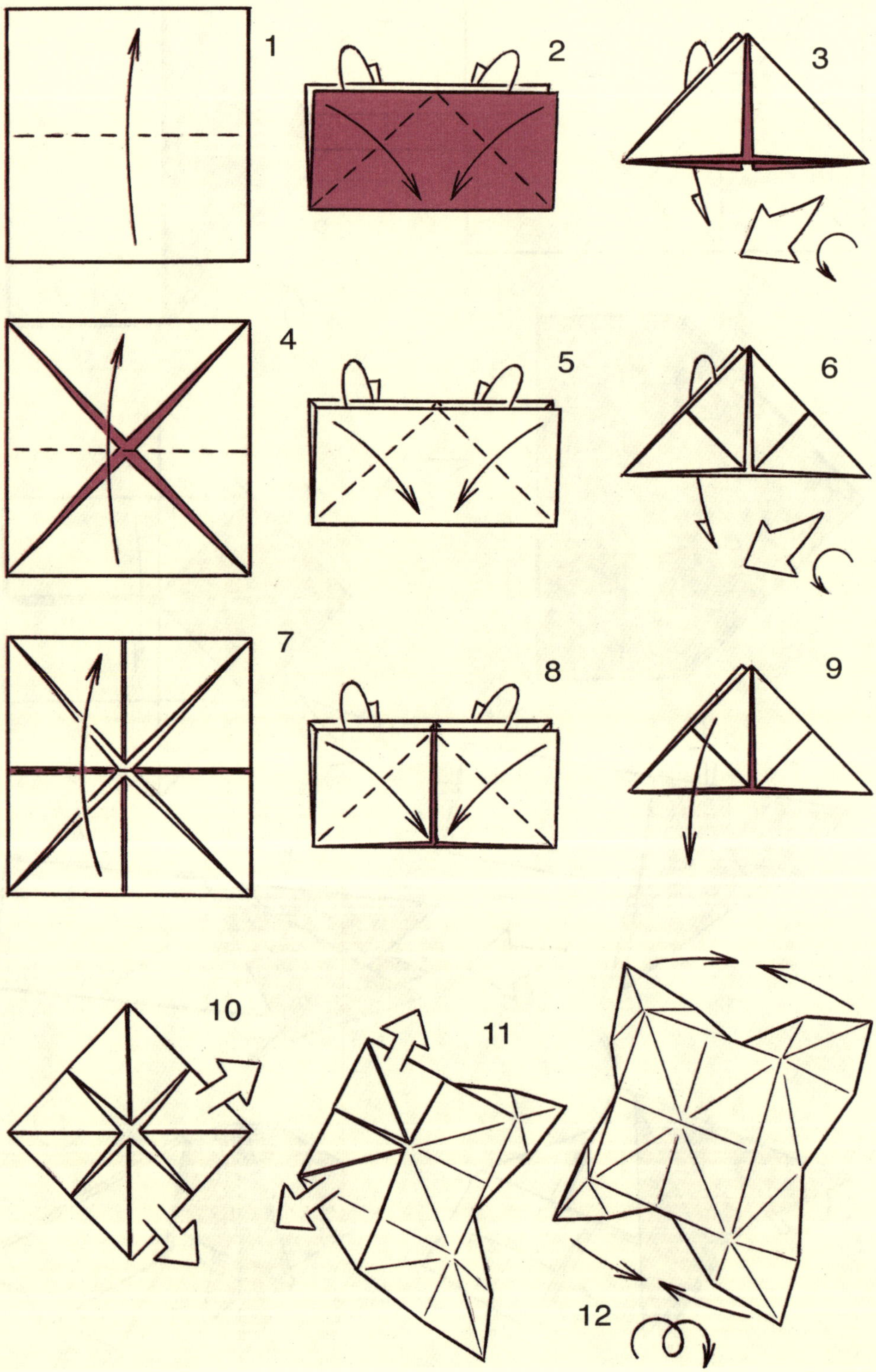

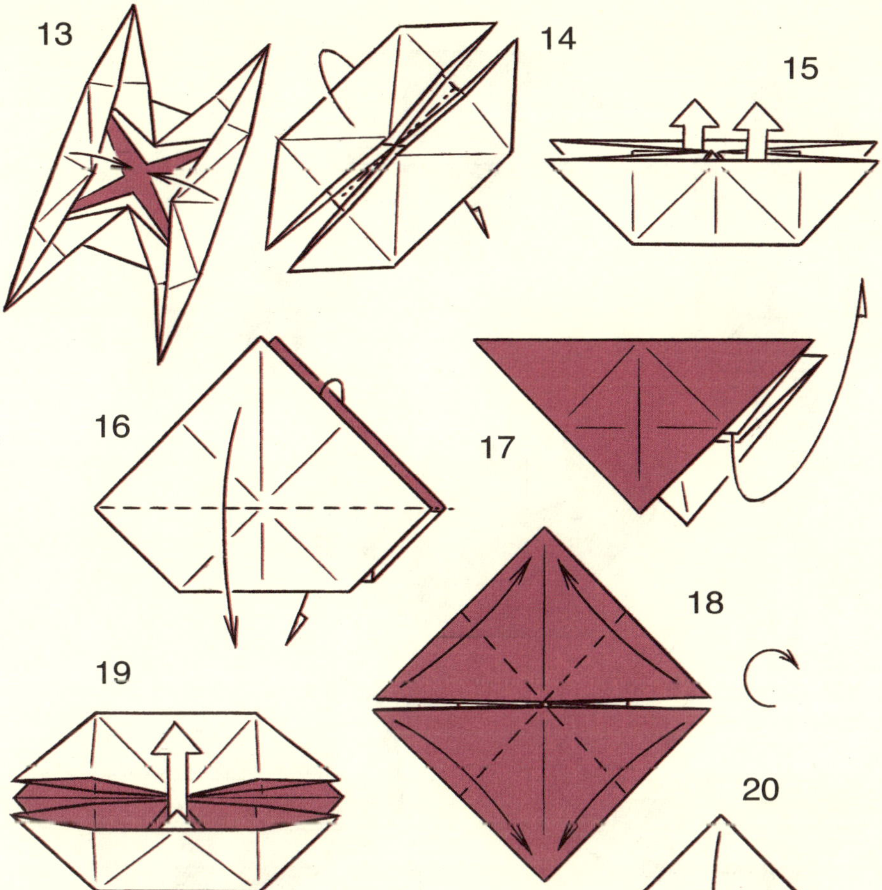

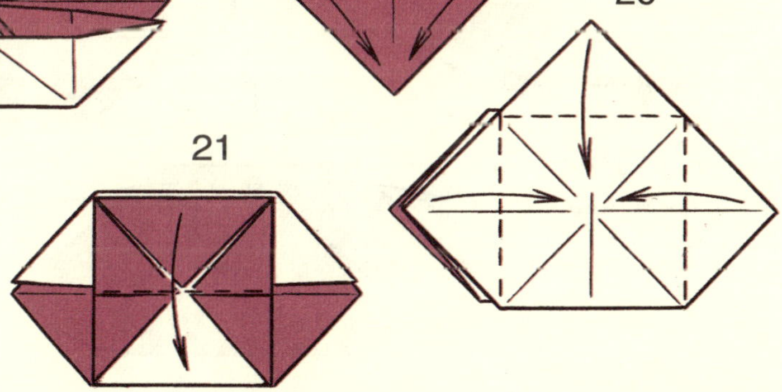

Repetir los pasos 19-20-21 en el otro barquito.

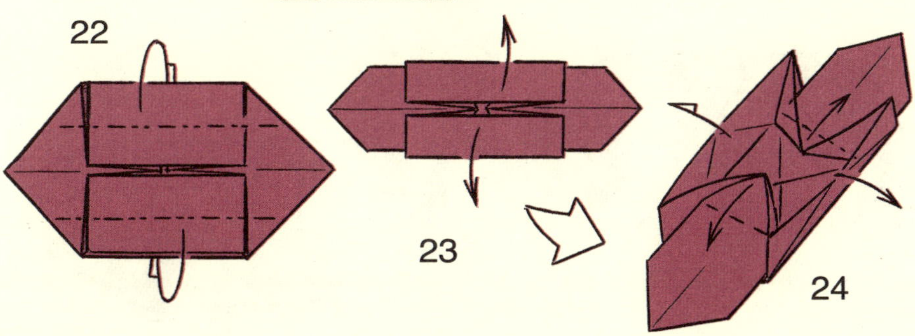

25 26 27 28 29 30

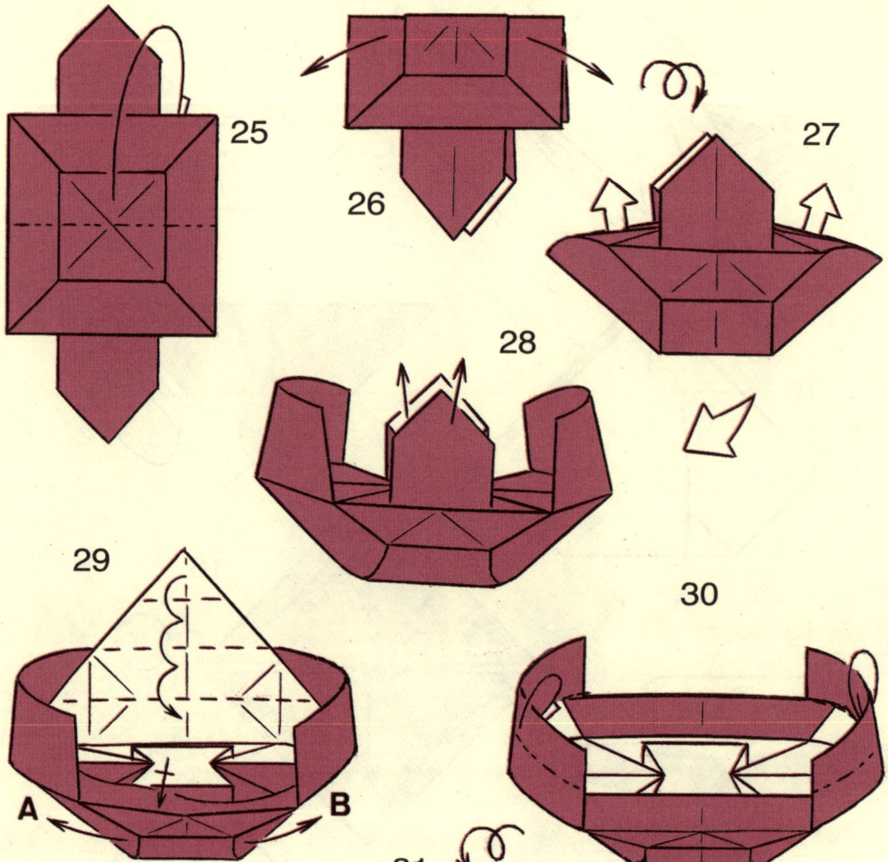

Tirando en “A” y “B” se cierra la abertura de los asientos.

31

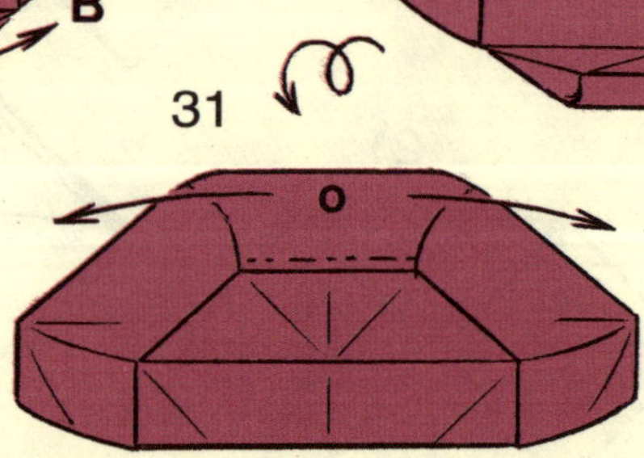

Estiramos un poco para aplanar algo el fondo.

32

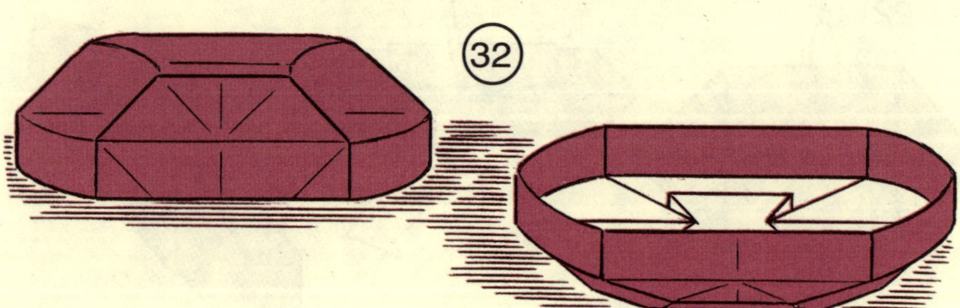

CARACOL

Por FRANCISCO J. CABOBLANCO

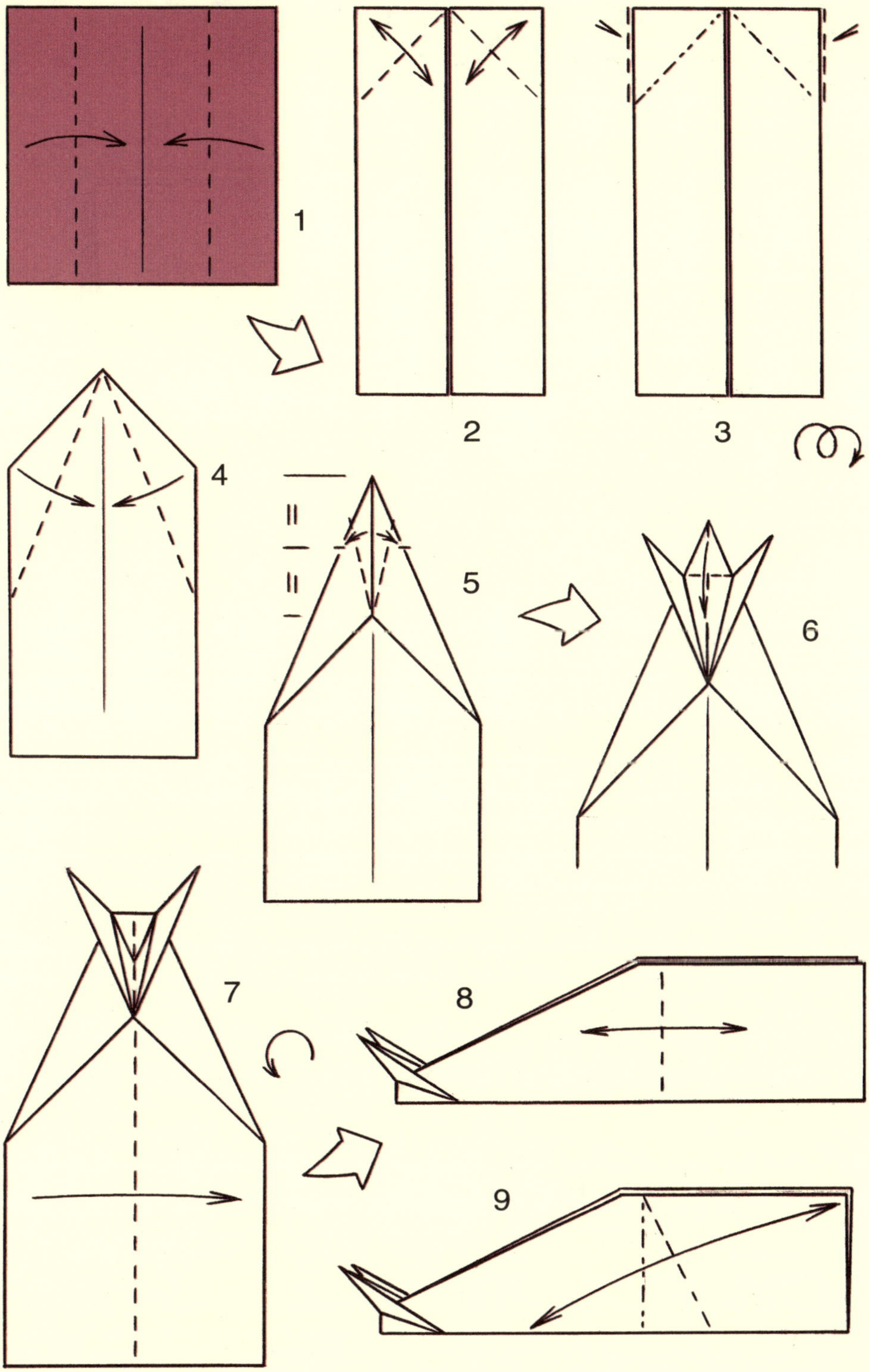

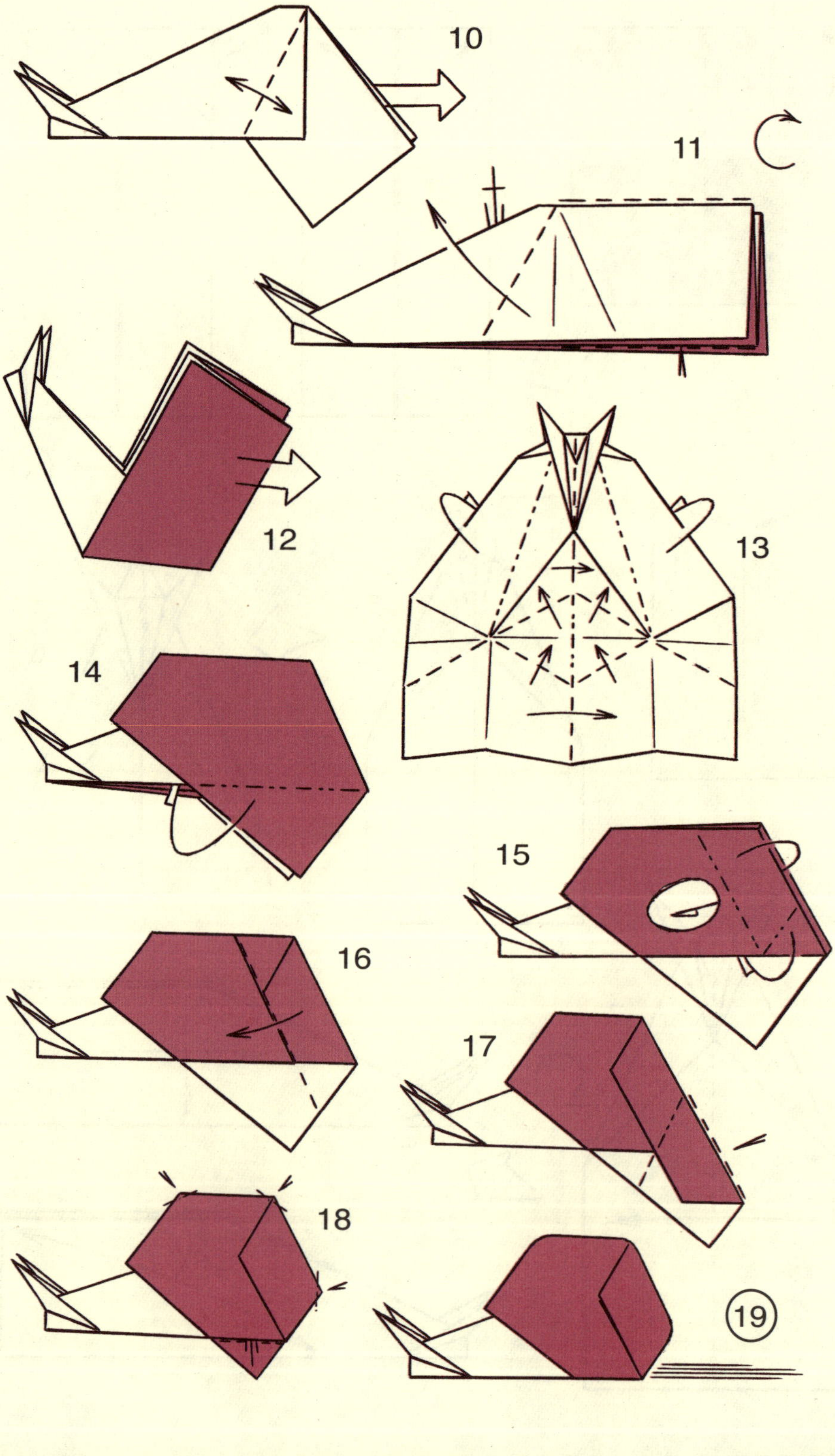
10
11
12
13
14
15
16
17
18
19

CENICERO ESTRELLA

Por FRANCIS OW

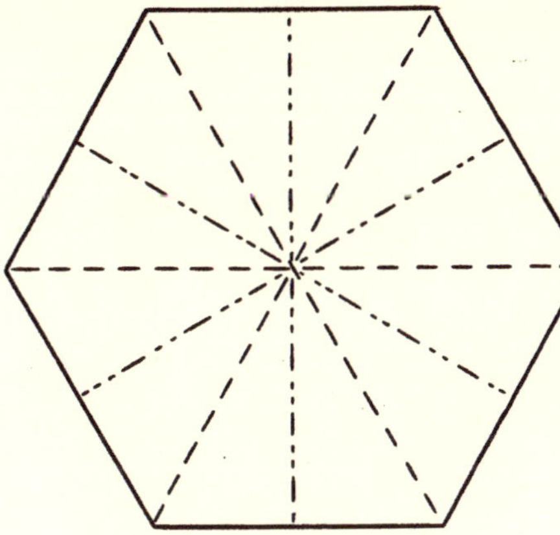

1

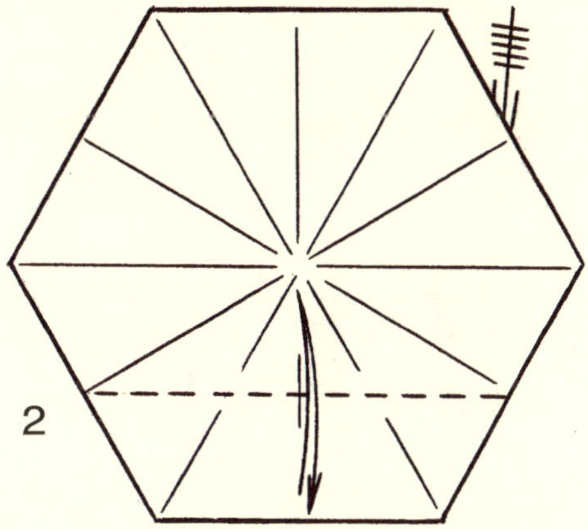

2

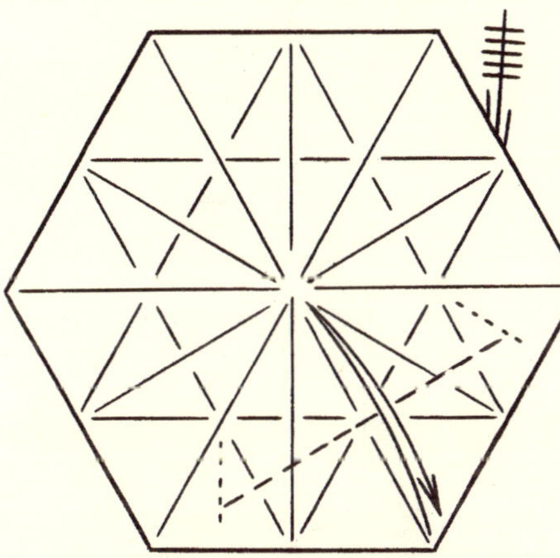

3

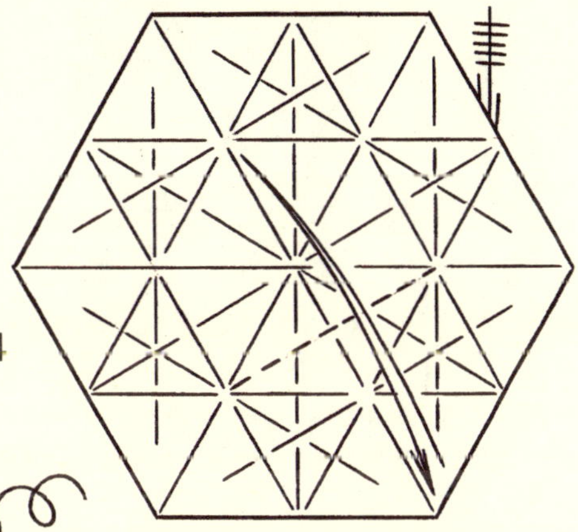

4

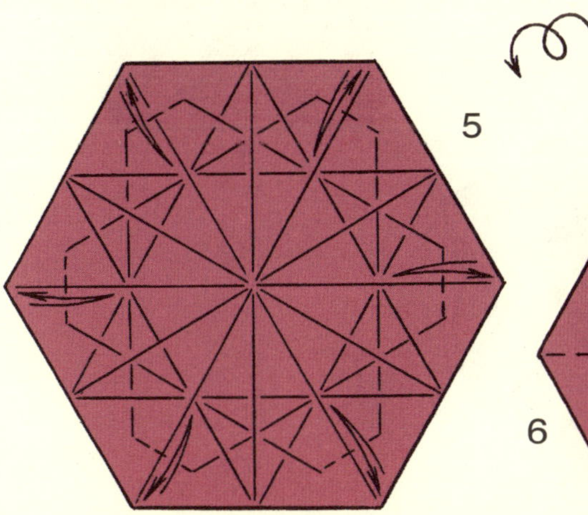

5

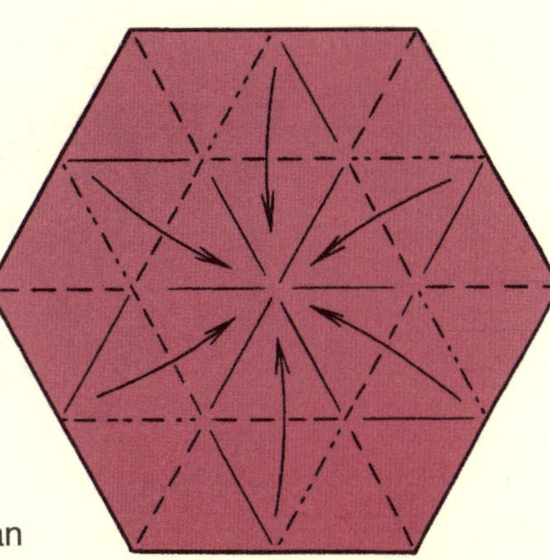

6

En el paso 6 y siguientes, se indican sólo los pliegues necesarios.

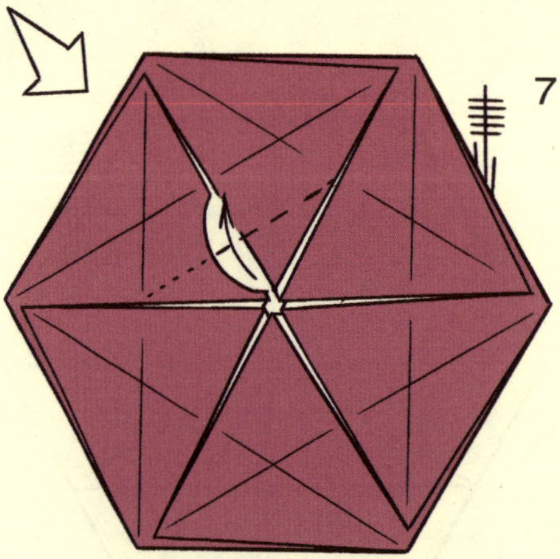

7

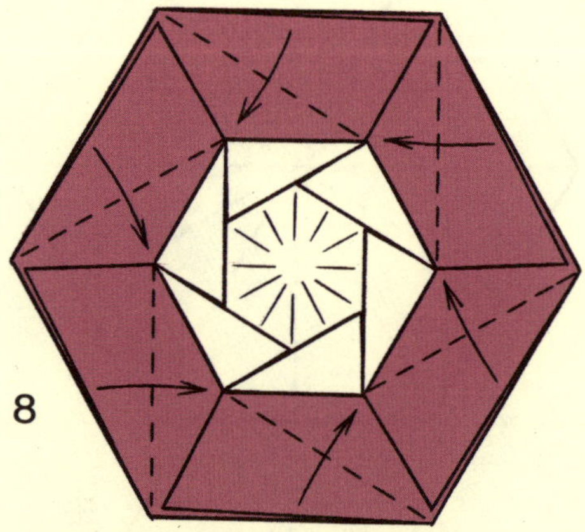

8

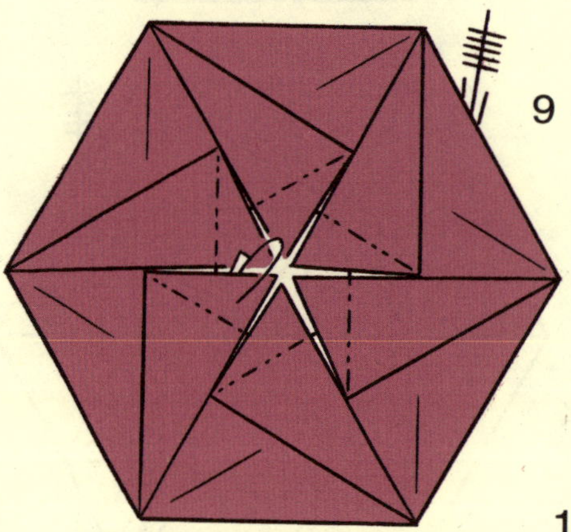

9

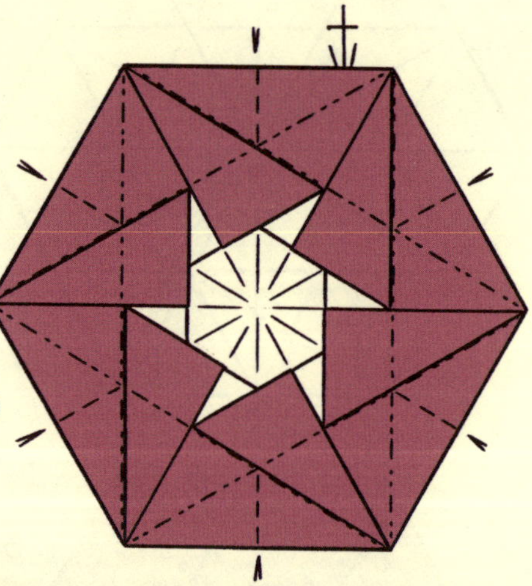

10

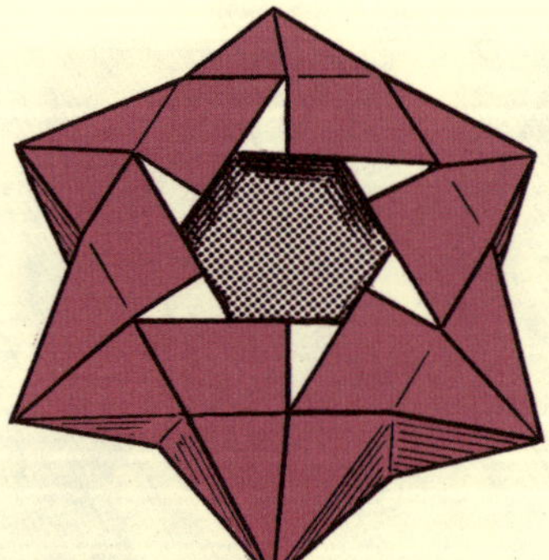

11

CAJITA ESTRELLA AURORA **Por GIULIANA WEBER**

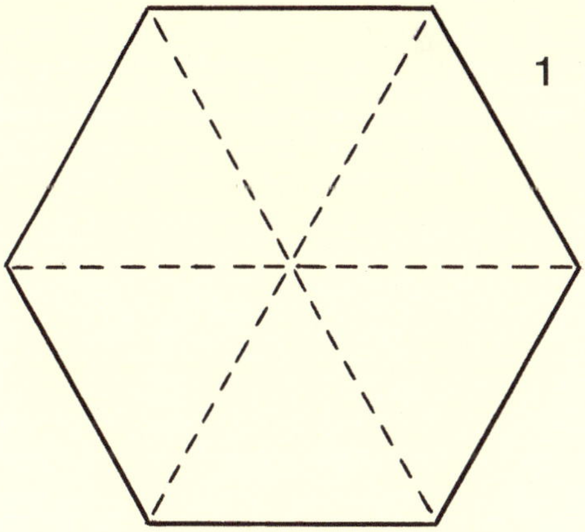

1

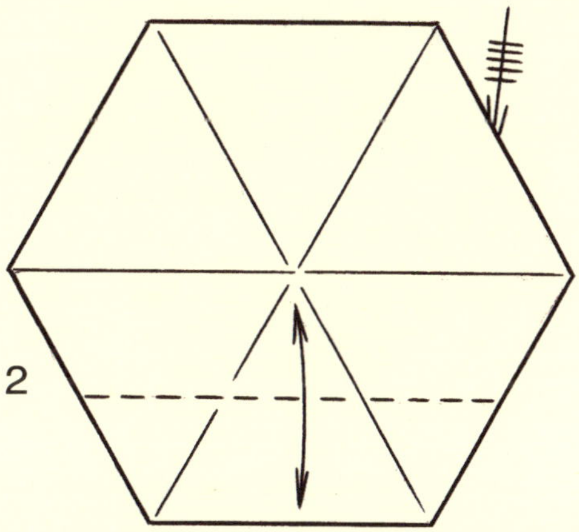

2

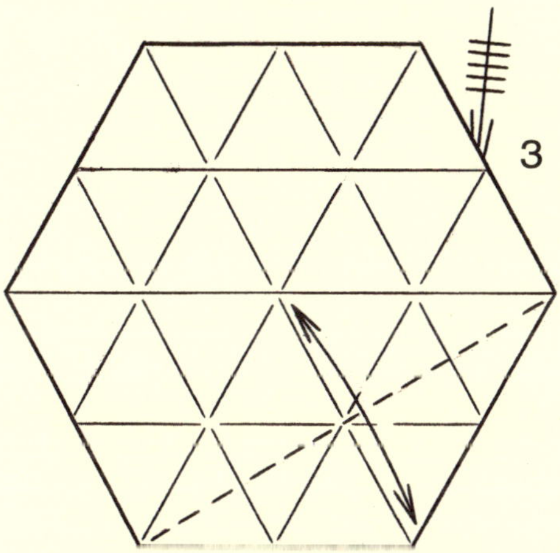

3

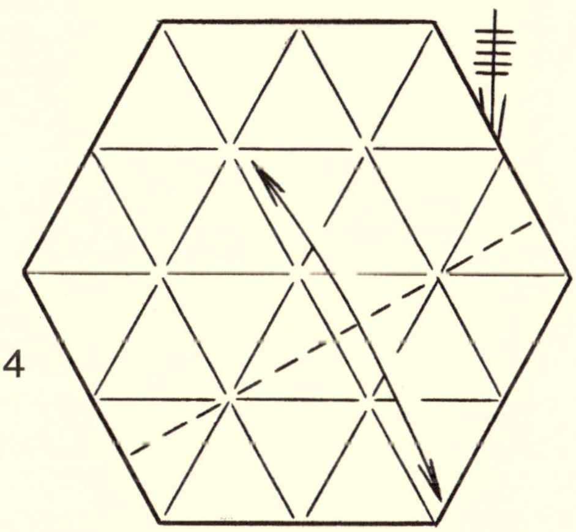

4

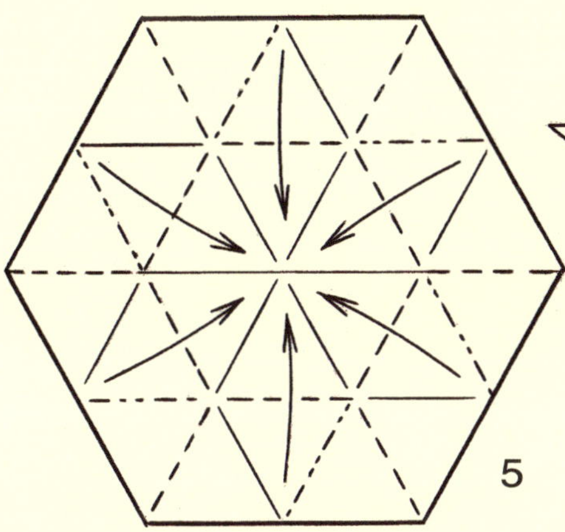

5

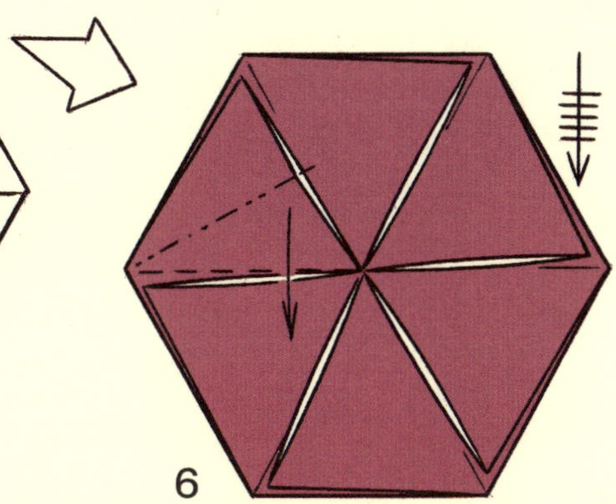

6

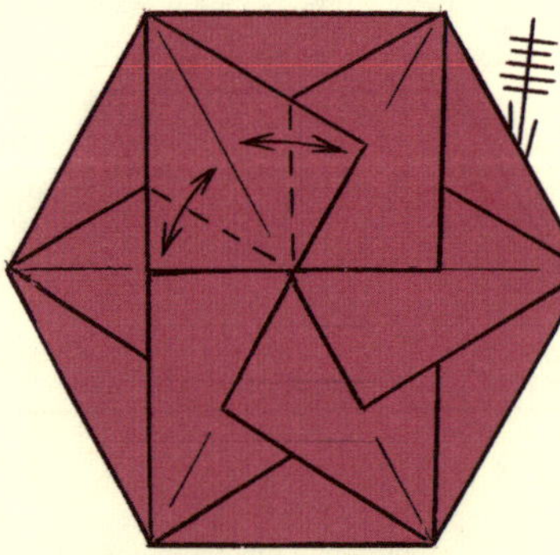
7

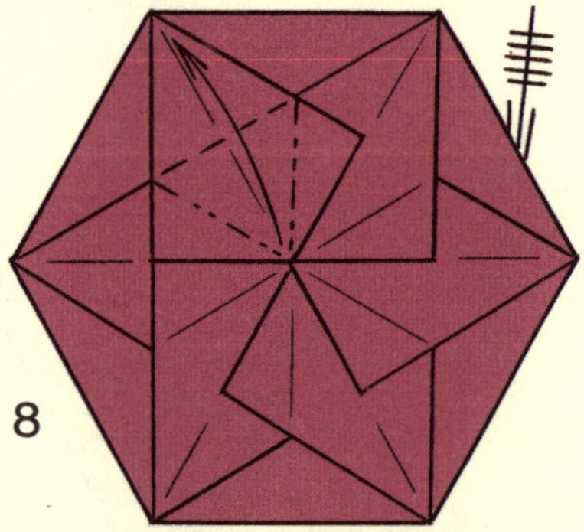
8

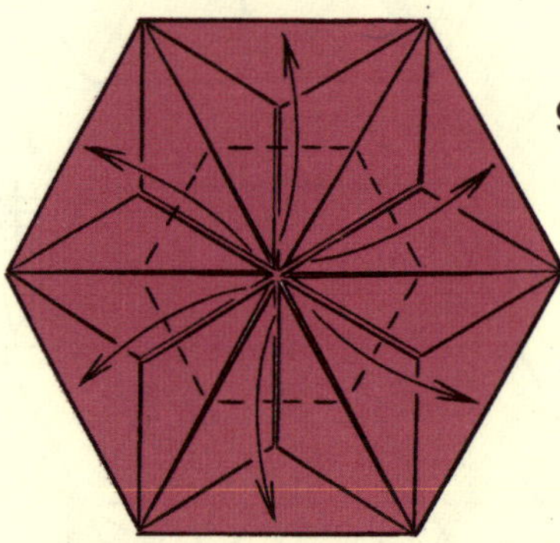
9

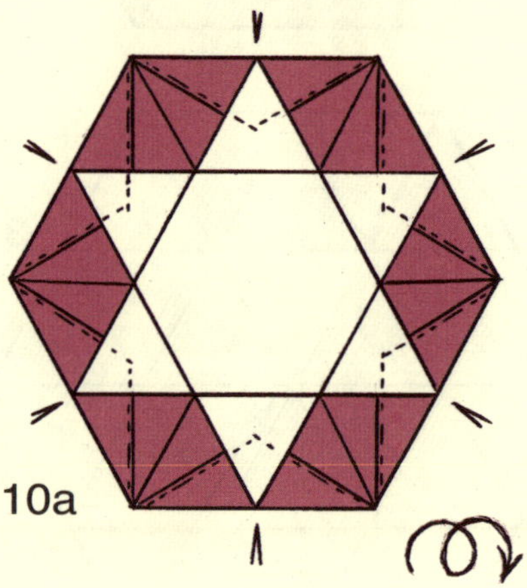
10a

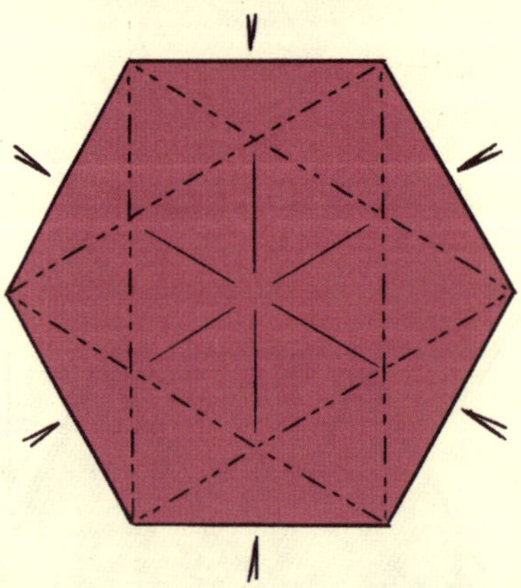
10b

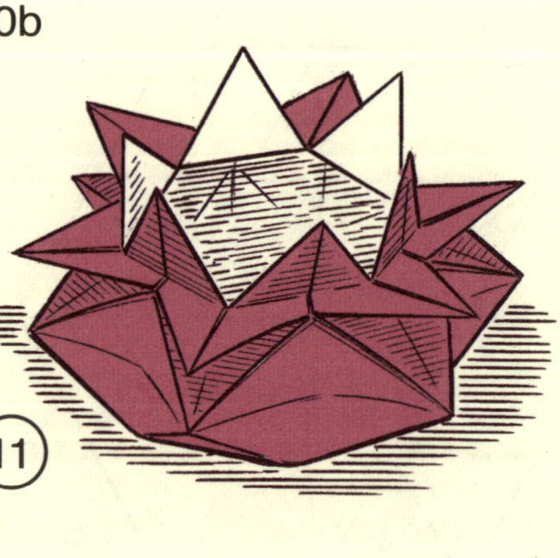
11

PUERQUITO

Por JUAN LÓPEZ FIGUEROA

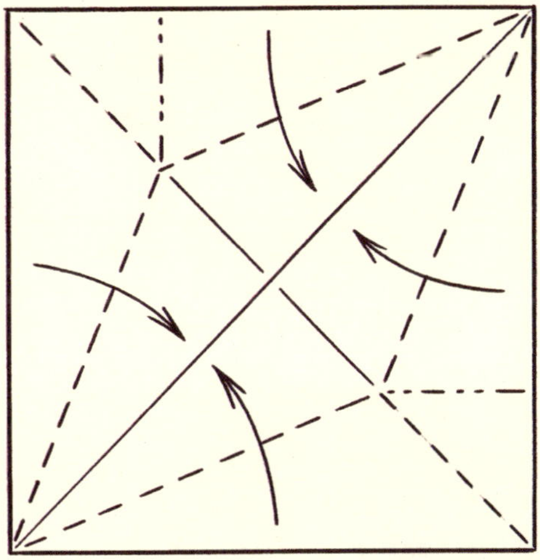

1

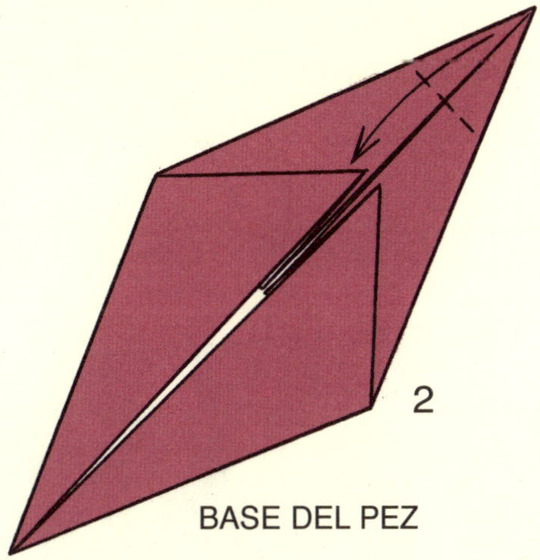

2

BASE DEL PEZ

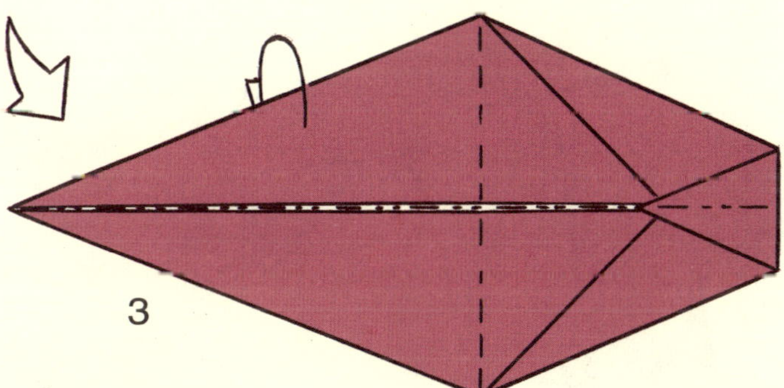

3

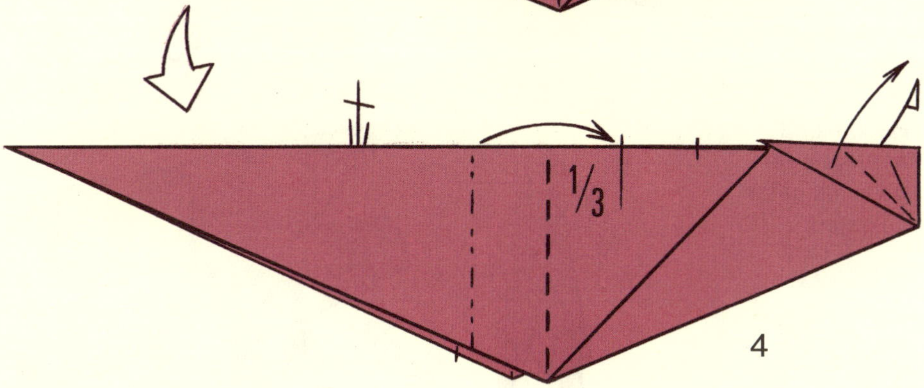

4

5

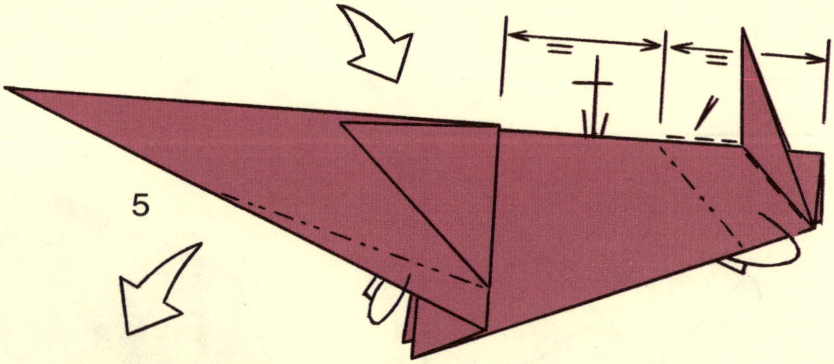

6

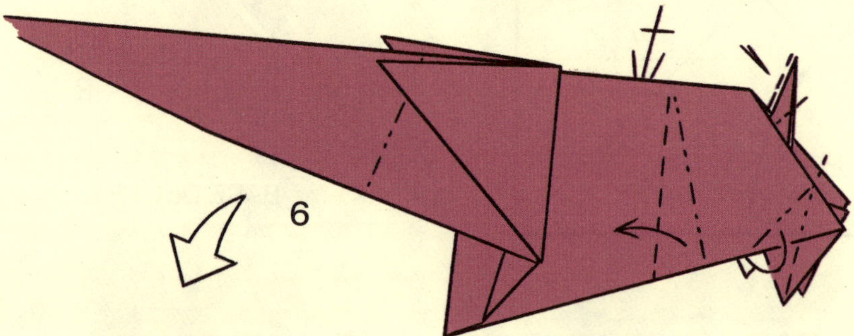

7

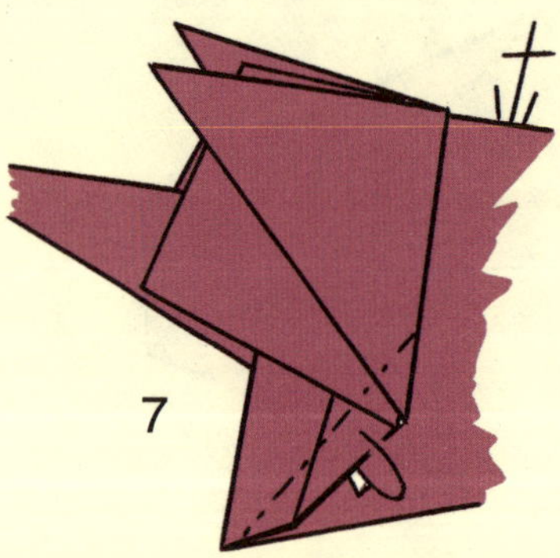

8

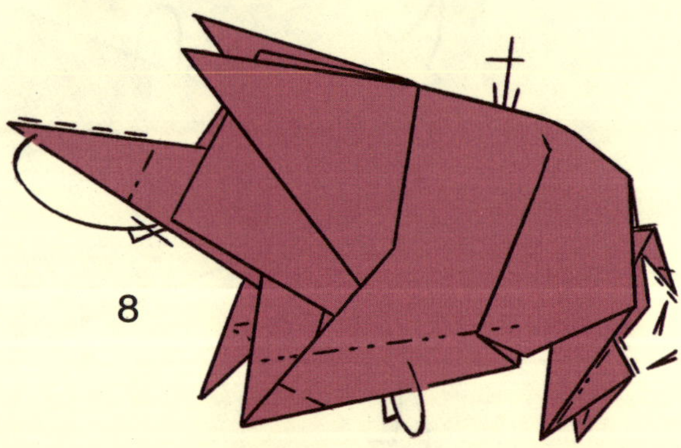

Recomiendo arquearle un poco las patas delanteras.

9

10

CAJA TRIANGULAR Y TAPA

Por THOKI YENN - 1993
dedicado a Elsje Van Der Ploeg

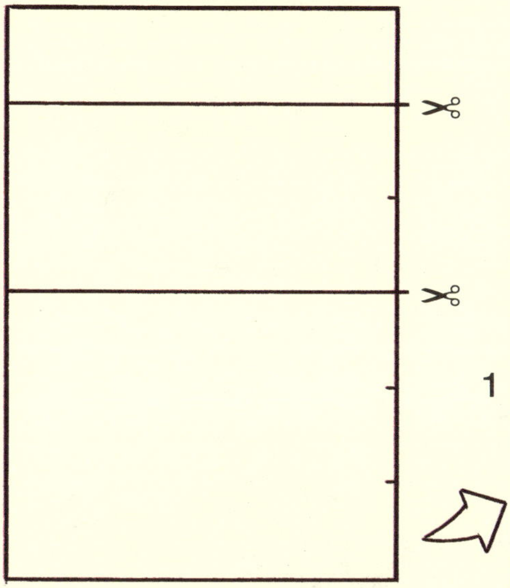

1

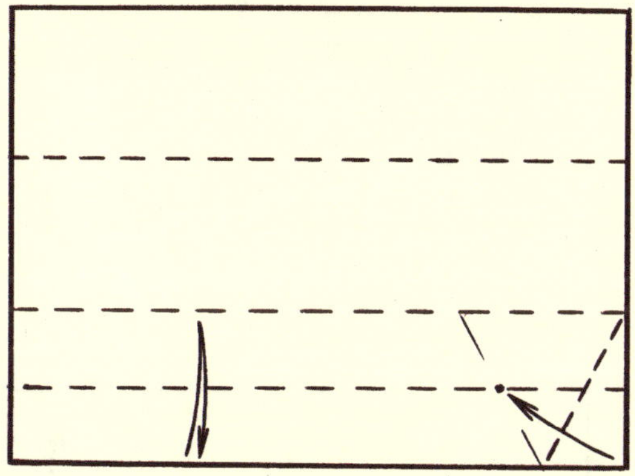

2

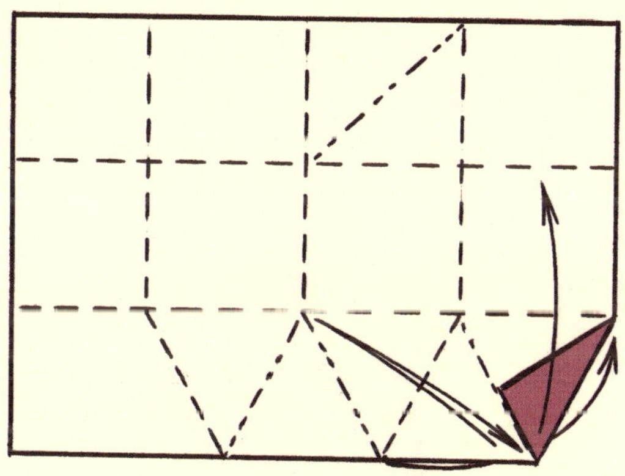

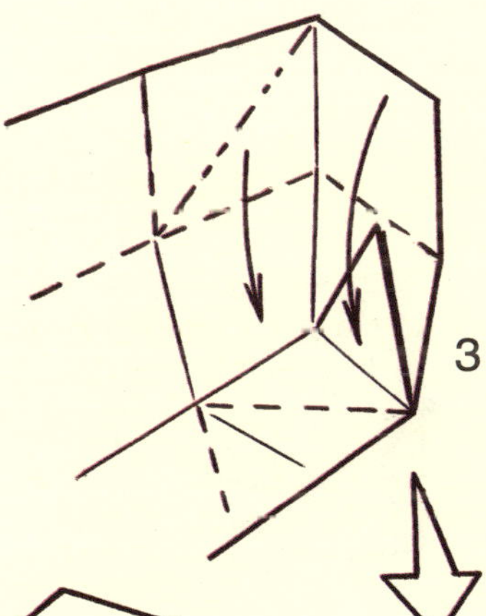

3

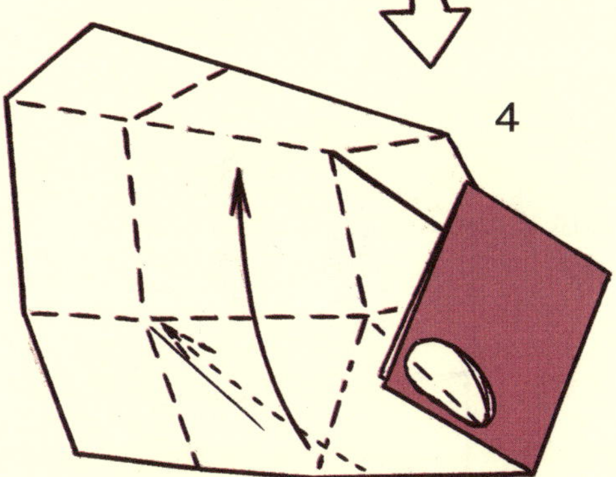

4

5

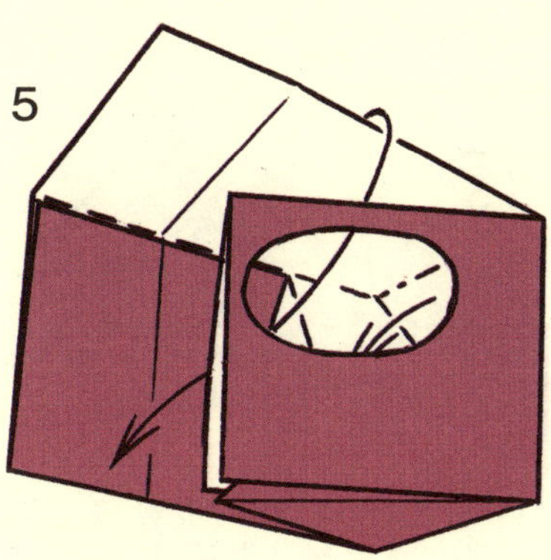

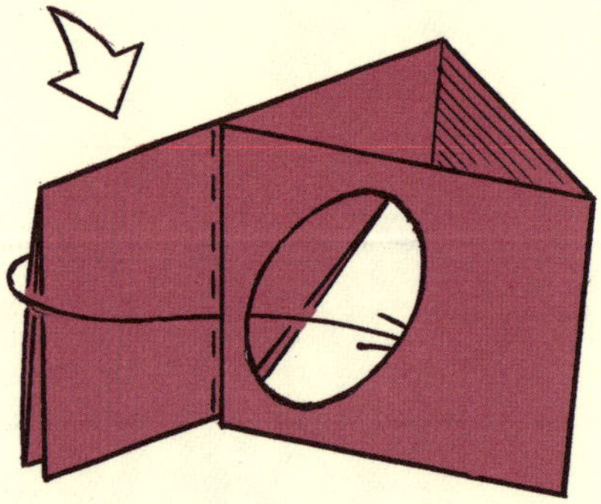

6

7

CAJA

TAPA:

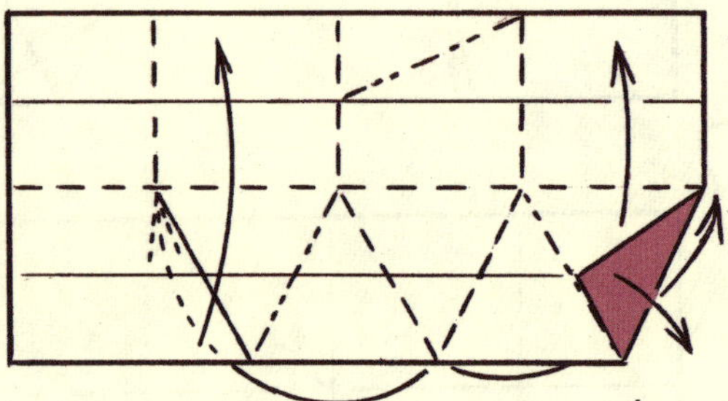

1

Color debajo.

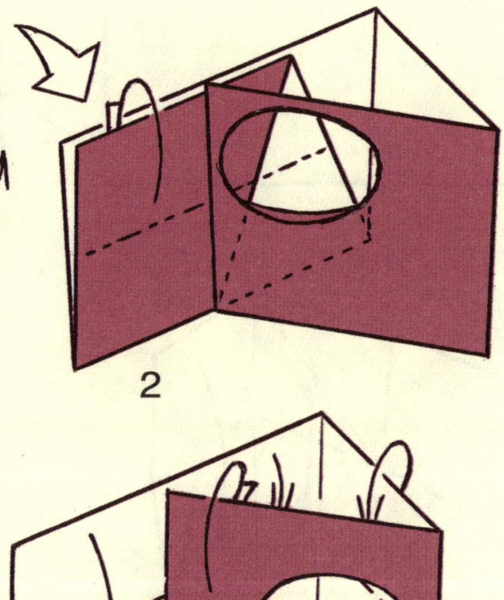

2

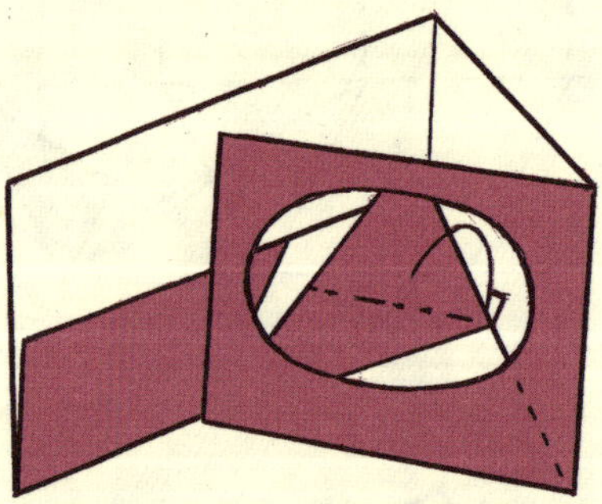

3

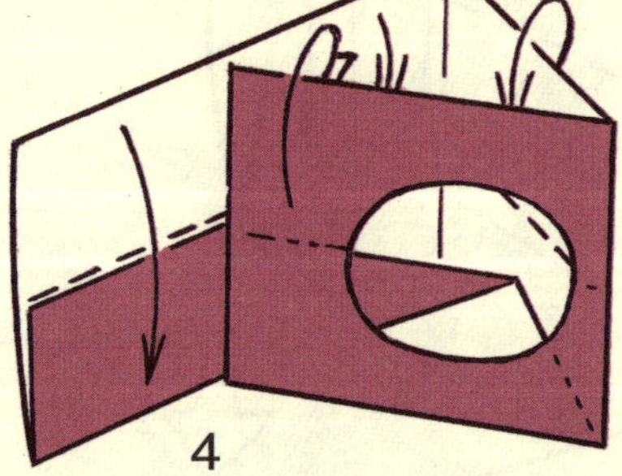

4

5

Si el papel de la tapa es algo mayor,
lógicamente el resultado será mejor.

CAJA Y
TAPA

BARCO DE PESCA

Por V. PALACIOS
Variante de otro de Y. Momotani

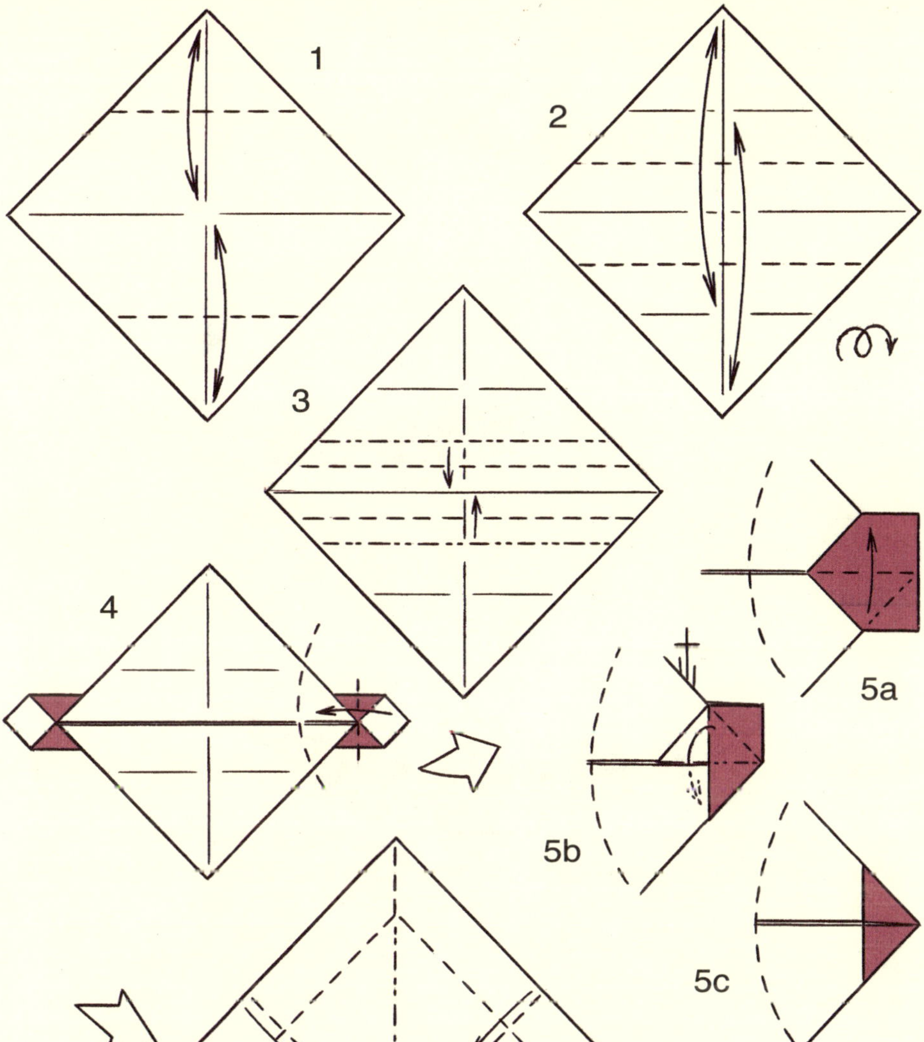

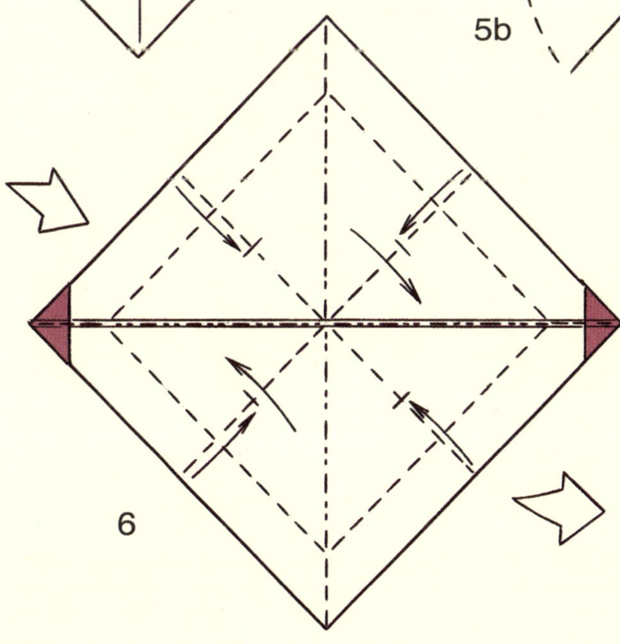

Repetimos los pasos 5a, 5b y 5c en el otro extremo.

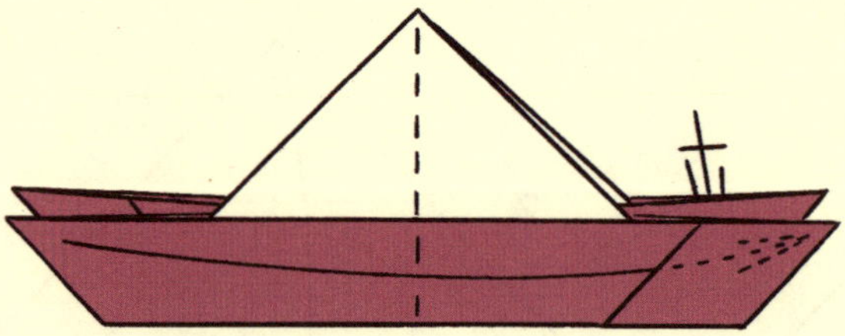

7

8

9

FAROL DE JARDÍN

Por LARISA EFIMOVA

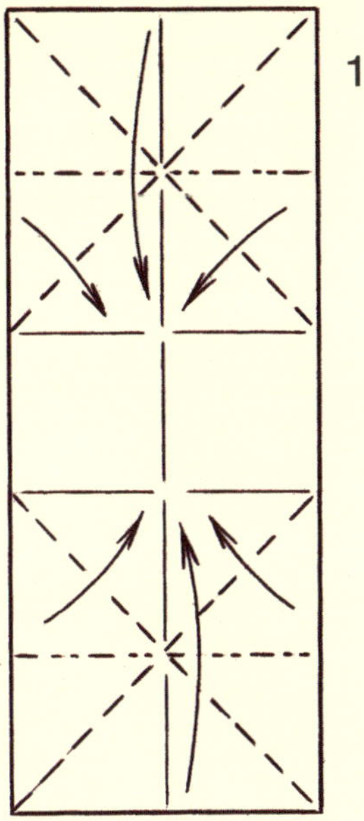

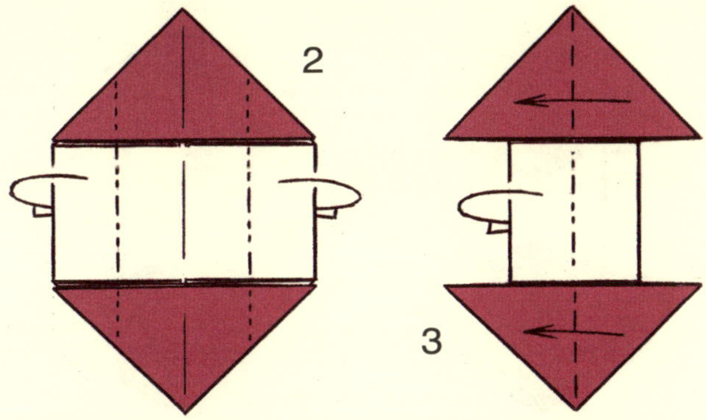

Plegamos dos módulos iguales y los unimos así:

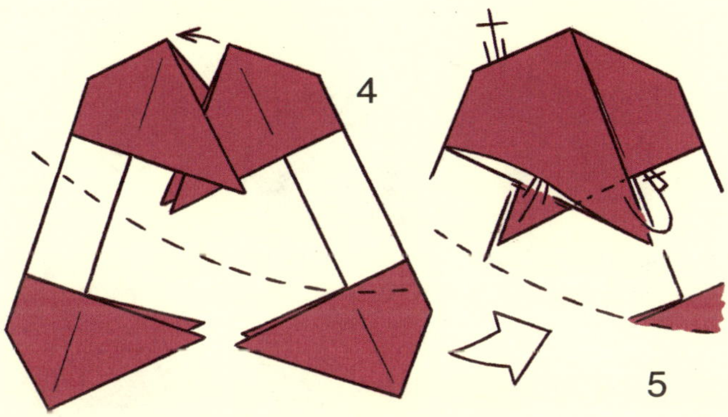

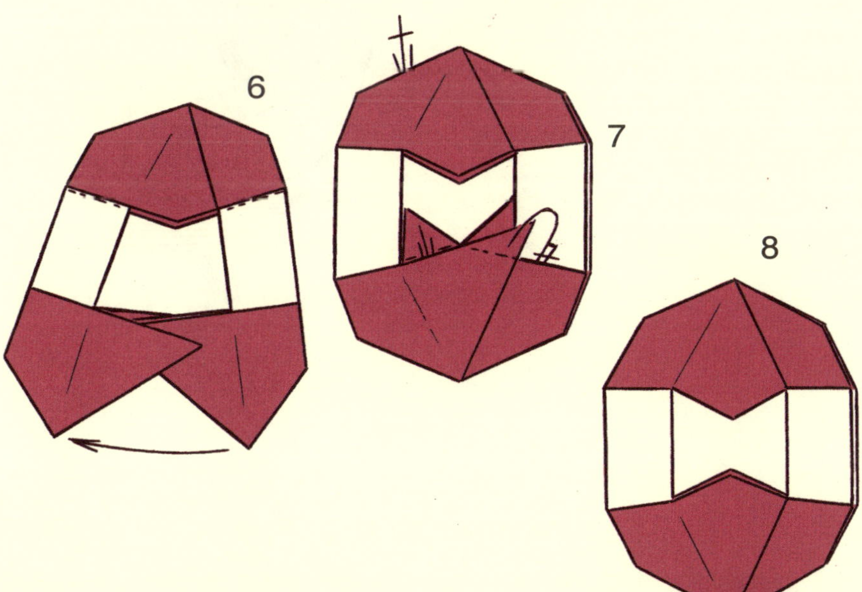

Finalmente empalmamos así las seis piezas:

9

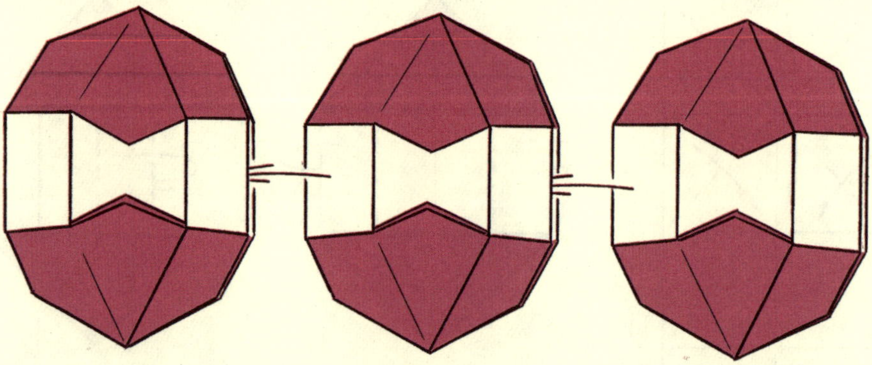

Veremos que resulta un farolito bastante fuerte.

10

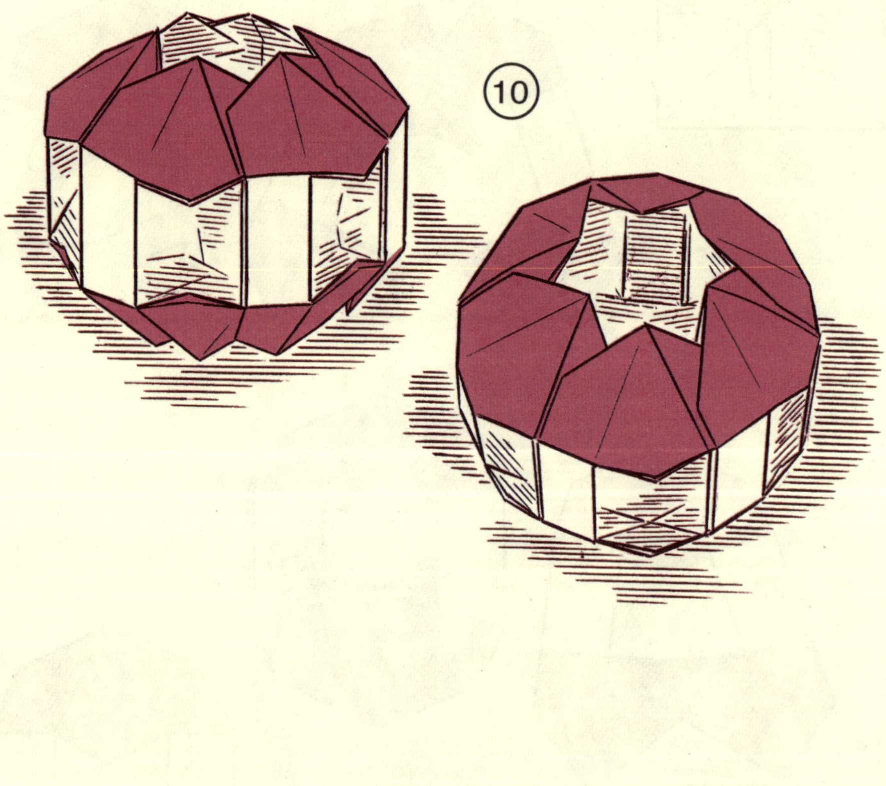

FANTASMA

Por V. PALACIOS

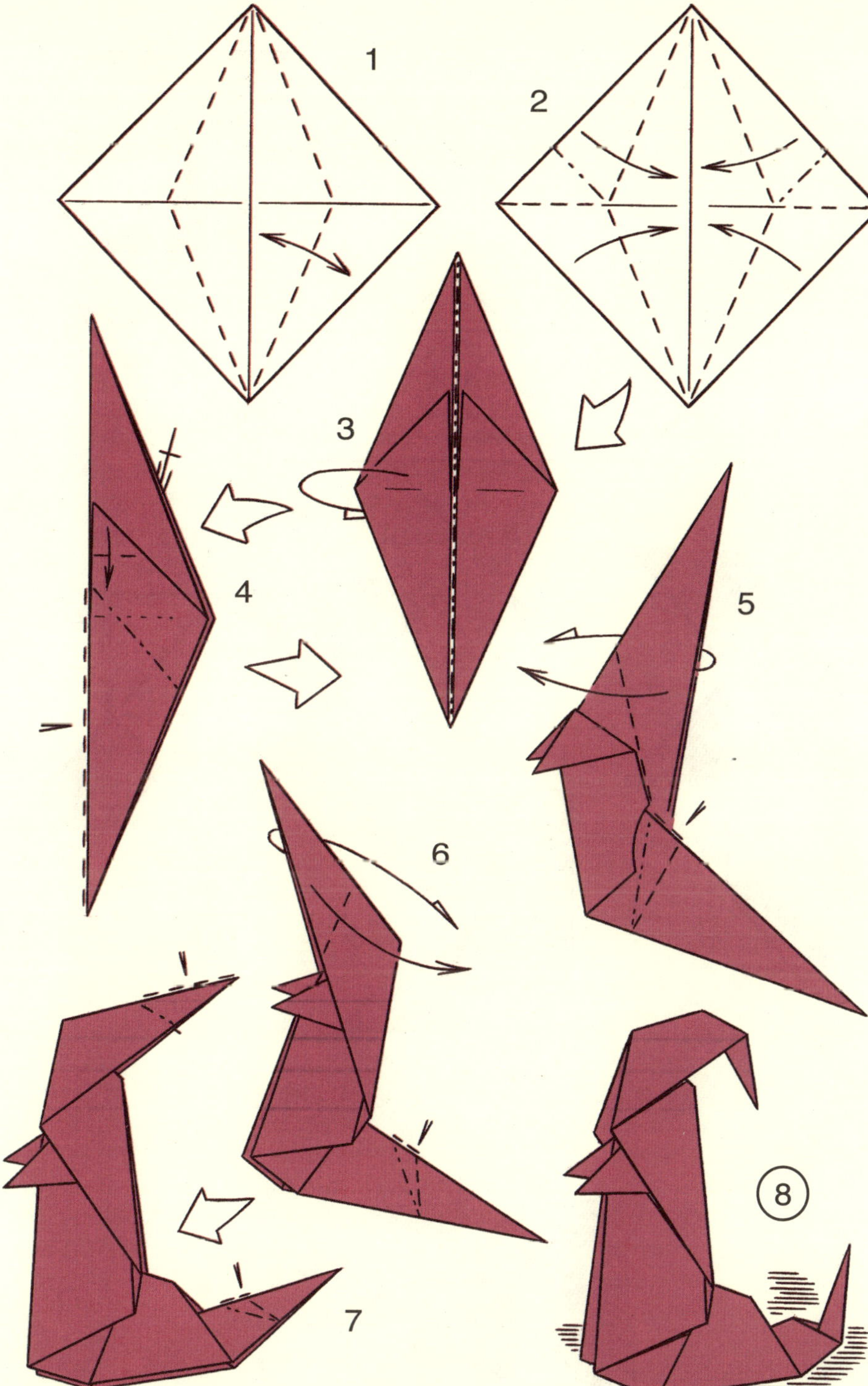

PAJARITA HALCÓN

Por FRANCISCO J. CABOBLANCO
22 de mayo de 1995

PAJARITA TORERO

Por CARLOS HERMOSO RIOS

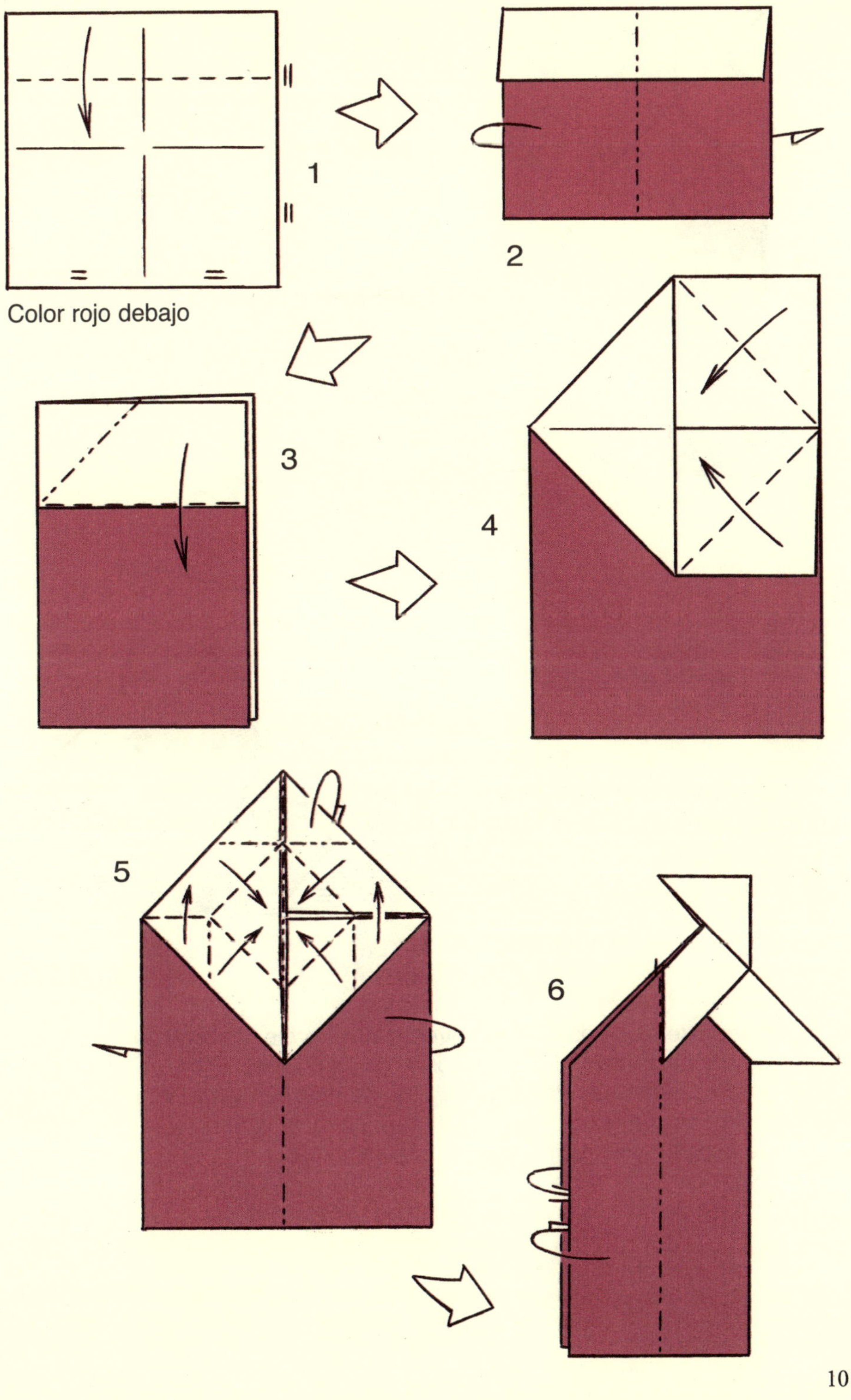

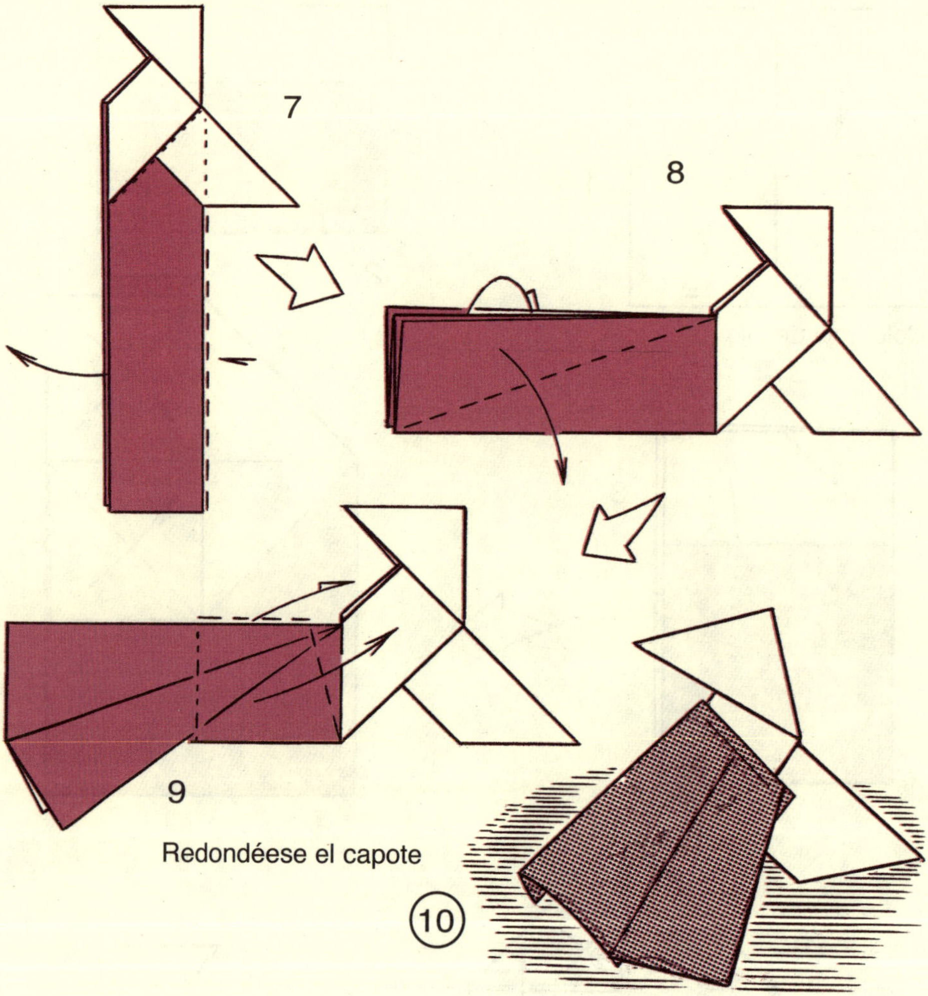

La pajarita como tema de papiroflexia ofrece una enorme cantidad de posibilidades a la imaginación creativa. Don Teodosio de la Fuente Ríos, miembro de la Asociación Española de Papiroflexia, ha reunido en tres tomos cerca de trescientas figuras con la pajarita como tema. Sin duda esto es sólo el principio. ¡Con lo que cuesta a veces inventar una buena figura!

El inventor de la pajarita torero es de Jerez de la Frontera.

GALLINA

Variante de uno japonés

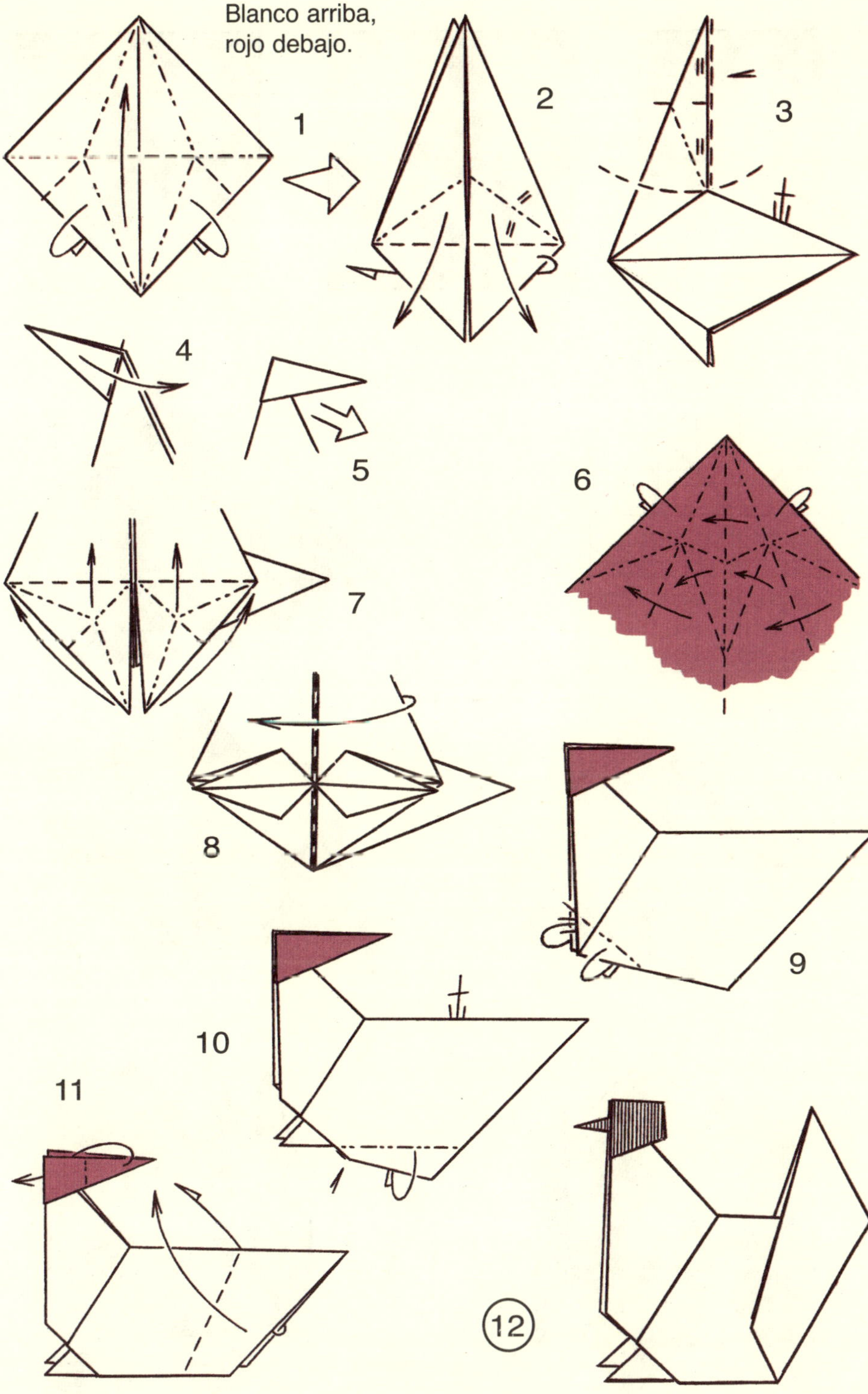

RECIPIENTE - 2 **Doctor PHILIP SHEN**

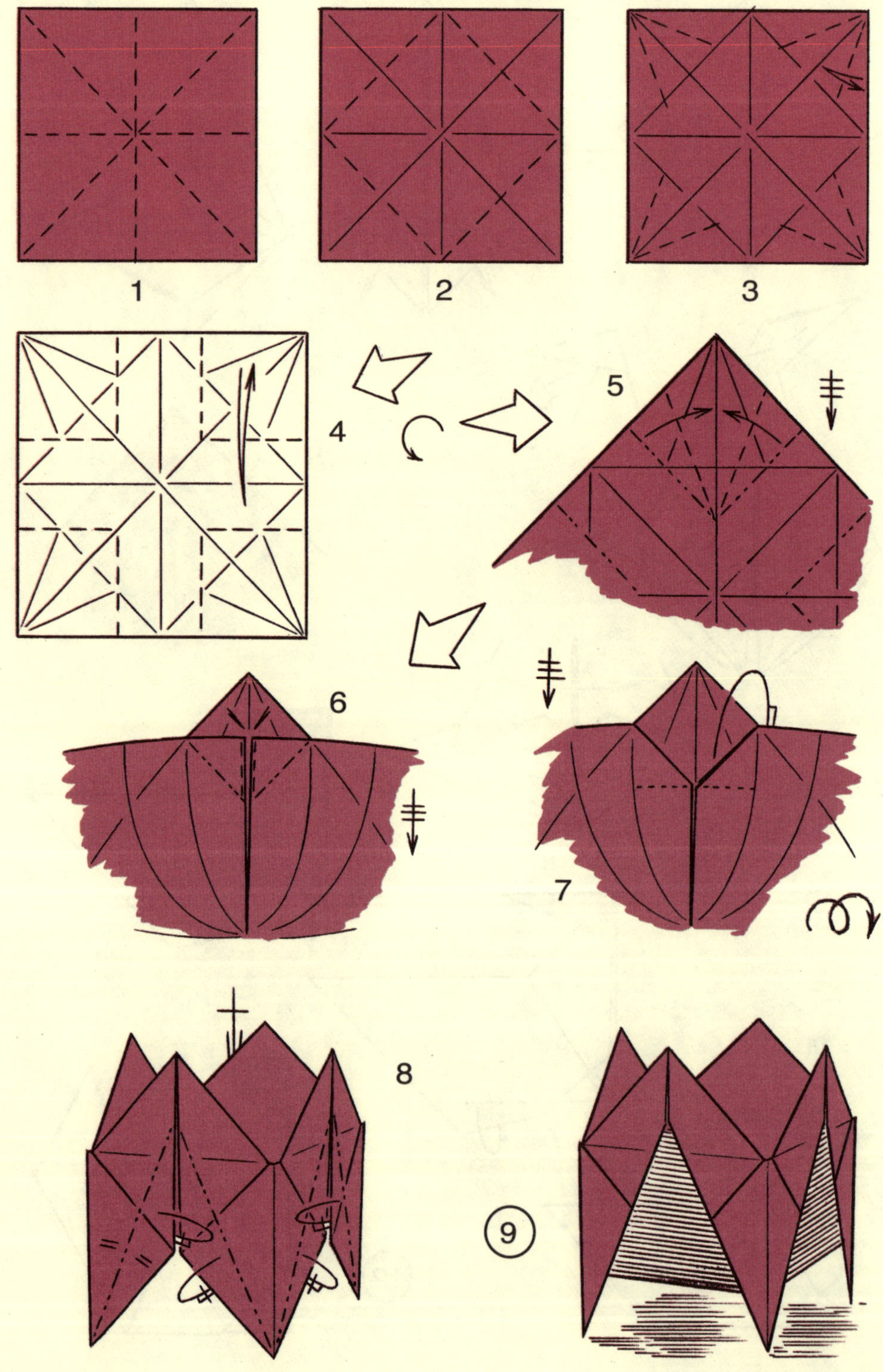

NOTAS DE INTERÉS HISTÓRICO

1 - OBSERVACIONES ACERCA DEL ORIGEN DE LA PAPIROFLEXIA

El origen de la papiroflexia, como el del arte en general, es el alma humana. Creo que me sería fácil explicarlo y demostrarlo; pero también me parece que la cosa sería más propia de un libro de filosofía, y prefiero dejar este asunto de lado.

Lo que supongo interesa a no pocos entusiastas de la papiroflexia es saber cuándo y dónde comenzó esta afición, cuál fue la primera figura propiamente dicha y quién la inventó. Personalmente, incluso, cambiaría por la sabia respuesta un buen número de las más famosas creaciones papirofléxicas.

Entiendo que sería una perogrullada decir que es imposible saber cuándo empezó tal afición porque se ha podido perder para siempre la primera figura y el testimonio de su invención. De lo que se trata es de saber qué figura tradicional se conoce desde más antiguo, y en qué testimonio o evidencia se basa la afirmación de su antigüedad. ¿Qué tal figura debería ceder su puesto a otra anterior, en el caso de que apareciera después un testimonio anterior o mejor a favor de otra? ¡Por supuesto que sí!.

F. Marín Solá, O.P., distingue dos grandes géneros de ciencias (B.A.C. 84): las metafísicas y matemáticas por una parte, y las físicas y morales por otra. Ambas –dice– son esencialmente diversas en tres cosas: a) en certeza; b) en procedimiento; c) en homogeneidad.

Por lo que se refiere a las ciencias o conclusiones físicas y morales –entre las que se sitúa la historia– la certeza –dice– no es absoluta, sino condicional o relativa.

¿Condicional o relativa? ¡Claro! La conclusión se basará en la seguridad y certeza de los datos en que se funde. Vemos a lo largo del tiempo cómo las ciencias físicas se ven obligadas a modificar sus conclusiones, cosa impensable por ejemplo en las matemáticas; o en cómo un Bernard F. Reilly hace algunas correcciones a un Menéndez Pidal, al descubrir posteriormente una mejor documentación en determinados asuntos.

Dejando todo esto como sabido y supuesto, nos planteamos la cuestión de hecho: ¿cuándo, dónde, con qué figura y con qué fundamento se ha de aceptar de hecho el origen de la papiroflexia? Afortunadamente para nosotros, la papiroflexia o arte del plegado del papel parece relativamente reciente.

No se trata de enfrentarse con nadie; se trata de que si hay partidarios de distintos lugares y tiempos, presenten cada uno su claro testimonio y la figura o figuras que consideren objeto del mismo. Más aún, como quedó dicho, la respuesta estará siempre abierta a la posibilidad de encontrar anteriores y mejores pruebas a favor de otro origen.

¿Que lo que para uno es evidente, para otro lo es mucho menos? ¡Dejémoslo así hasta que se pueda hacer más luz en torno a ello! Lo que no cabe es hacer afirmaciones categóricas sobre conocimientos brumosos, etéreos o impresentables.

Recuerdo que hace tres décadas, algunos autores daban por seguro la paternidad japonesa del arte del plegado del papel. Otros se referían a China, a Egipto ¡qué sé yo! Y hasta en años bastante más recientes, había quienes con aplomo (a mi juicio con frivolidad) se hacían eco de afirmaciones contundentes, sin presentar pruebas, no faltando quien ponía por medio a los árabes, sin garantizar qué figuras tradicionales plegaban, si es que plegaban alguna.

Nipón Origami Association publicó en el año 1992, para conmemorar el XX aniversario de su fundación, el conjunto de la obra de investigación histórica del Sr. SATOSHI TAKAGI, que anteriormente había venido ofreciendo en artículos a lo largo de diferentes números de la revista. El Director de dicha publicación Sr. YASHUIRO SANO (fallecido el 24 Dic. 2003) decía en la presentación de esta obra: "Considero inadmisible el desconocimiento de las investigaciones del Sr. TAKAGI. Sin conocerlas no me atrevería a hablar sobre el tema." (de la investigación histórica).

Algo conocemos ya de dicha obra, cuya documentación no va más allá del siglo XVIII salvo las dos referencias a las ceremoniales mariposas, que datan de 1680 y 1682. En ella dice el Sr. TAKAGI que no conoce la menor referencia a una posible tradición anterior en China. Y supone que antes de 1700, el pueblo debió de cultivar el "origami", aunque ignora durante cuánto tiempo o qué figuras pudo plegar. ¡Ya tenemos un testimonio –el del Sr. TAKAGI– muy digno de ser tenido en cuenta! Es más, cree imposible encontrar en Japón otros más antiguos testimonios sobre la tradición del "origami" en su país.

El Sr. SATOSHI TAKAGI está considerado el máximo investigador de la historia del "origami" en Japón.

2 - BUSCANDO AL INVENTOR DE LA PAJARITA

Por el año 1972 me impuse la tarea de investigar sobre el origen de la tradición papiroflexica. Conocía un texto de D. Leandro Fernández de Moratín, y contaba con algunas intrigantes sospechas. Después leí en *Mundo Hispánico* (mayo de 1950) bajo el epígrafe de "Cocotología en Argentina y en España", unas palabras de nuestro recordado D. Enrique Cerezo como para desanimar a cualquiera: "y aquí se hunde todo intento de buscar noticias históricas". Pero uno contaba también con la confianza en la mágica palabra PERSEVERANCIA.

En mis libros he venido dejando constancia de una serie de hallazgos más o menos valiosos, y no fue menor la intuición fundada en una serie de indicios, de que la PAJARITA se debió crear en Toledo en el siglo XII, lo que constituyó desde entonces mi fundada hipótesis de trabajo. Para colmo, leía en los libros de "origami" que los padres de este arte del plegado del papel habían sido los japoneses, cosa que enconaba al doctor Vicente Solórzano. Uno barruntaba que la razón estaba de parte del burgalés; pero era a todas luces preciso encontrar el fundamento.
Al fin he "descubierto" que el origen de la PAJARITA estaba un tanto oculto; ciertamente pero ¡no tanto! Faltaba buscar en un terreno que nunca hubiera imaginado: ¡el BORDADO!

¡El BORDADO POPULAR TOLEDANO TRAS LA RECONQUISTA DE LA CIUDAD a los árabes! Parece mentira que en tantos años no hayamos topado con quien nos hubiera podido señalar esa pista. Ha tenido que llegar por la PERSEVERANCIA.

D. Antonio C. Floriano Cimbreño, en su libro *El Bordado* (Edit. Alberto Martín – Barcelona 1942) dice: "El estudio de la Historia de las Artes decorativas españolas ha sido poco cultivado por los críticos e investigadores de nuestras artes, que se dedicaban preferentemente al conocimiento de la evolución de la Arquitectura, la Escultura o la Pintura, y que desdeñaban el arte decorativo o industrial, sin darse cuenta de que es el que mejor define la trayectoria artística de nuestra patria..." Creo que este inicio del prólogo carece de desperdicio.

En el capítulo segundo de dicha obra, haciendo rápida historia del Bordado, aborda, entre otros, el tema del bordado popular español entre los siglos X al XIII, y dice que desde el siglo XII en que aparecen los más antiguos ejemplares fechados, hasta el XVIII en que se contagian de arte erudito, sin llegar a impregnarse de él, y aún hasta nuestros días, los bordados segovianos o lagarteranos –por ejemplo– SIGUEN APEGADOS A LAS VIEJAS TRADICIONES, a pesar de la industrialización turística de que son objeto.

Pasamos al capítulo III, que el autor llama gótico (siglos XIII y XV), del que tomo estas líneas: "conserva éste (el bordado popular) los mismos caracteres apuntados para la época anterior; ello corrobora la inmutabilidad casi absoluta del bordado popular".

Dña. Maravillas Segura Lacomba en su libro *Bordados Españoles* –Madrid 1949– Consejo Superior de Investigaciones Científicas – Instituto San José de Calasanz, dice no tener la pretensión de componer una Historia del Bordado; pero recoge una preciosísima información que aportaré muy pronto. No nos dice de qué fuentes la tomó, ni precisa los siglos a que se refiere; pero veremos que la omisión no afecta al fondo de nuestro caso.

Empecemos por decir que tras la reconquista de Toledo, las bordadoras de su provincia se servían de distintos motivos de bordado; para nuestro objeto nos fijaremos exclusivamente en los de las aves.

He dicho "las bordadoras". D. Antonio C. Floriano hace al final de su libro, una relación de famosos artistas del bordado, que incluye 136 nombres, de los que 122 corresponden a varones y sólo 12 a mujeres; el resto son apellidos. Supongo que todos esos nombres son de artistas más plenamente dedicados o profesionales hasta comienzos del siglo XIX, y que el predominio de los varones es similar al que vemos en el cultivo de tantas otras artes. En nuestro caso me parece más apropiado referirnos siempre a "las bordadoras". De hecho, los tres primeros nombres que sobresalen en el bordado lagarterano corresponden a señoras del siglo XVI.

¿Y qué aves como motivos de bordado, eran en principio los usados tanto en el bordado de los árabes como en el de los cristianos? Tan sólo dos: las PALOMAS y los PÁJAROS.

Lewis Ethel afirma en *La Novelesca Historia de los Tejidos* que a los mahometanos su religión les prohibía representar figuras humanas y de animales. Se zafaban de tal prohibición, haciendo que los esclavos tejieran o bordaran las telas y realizaran estas representaciones; así escapaban a la cólera de Alá.

Se atribuye a los artistas mudéjares, la "TARJA" o pequeña zona separadora de cabeza y tronco en los bordados de las aves, con lo que se indicaba que tales aves estaban degolladas, y así entendían que no incurrían en la prohibición del Corán.

Dice Lewis Ethel en la obra citada (pág.135): "los bordados propios de la región toledana son muy variados, y es la comarca española que representa mayor riqueza de técnicas, siendo también los más conocidos y los más continuados actualmente en nuestra artesanía femenina. Generalmente a todos los bordados realizados en esta región se les llama BORDADOS LAGARTERANOS".

Dña. Mª Ángeles González Mena en su libro *Catálogo de Bordados* –Madrid 1974– expone las aplicaciones del bordado en más de 30 clases diferentes de prendas, que no creo necesario listar aquí, e incluye alguna expresión tan amplia de sentido como "decoración de toda la casa en el día de la boda".

Inmediatamente vamos a ver lo popular, lo entrañable y familiar que resultaba la PAJARITA a aquellas bordadoras toledanas, porque no satisfechas con utilizar entre otros motivos de bordado los de las aves únicas de la PALOMA y el PÁJARO, introducen como motivo ¡la PAJARITA!

Dice así Dña. Maravillas Segura en la pág. 42 de la obra citada: "en cuanto al simbolismo de los árabes, su influencia sobre nuestros bordados es notoria, y de él damos buena muestra en la fuente y las PAJARITAS, que para los musulmanes representa la vida, y para los cristianos la Gracia a la que acuden a beber las almas". Comento: no es que los árabes bordaran pajaritas, sino que en este concreto bordado, se aprecia claramente la influencia de los árabes.

Y sigue en la pág. 48: "PALOMA O PAJARITA es lo más frecuente en nuestros bordados, pues se utiliza hasta en los lagarteranos (...). Aunque la PALOMA y la PAJARITA se suelen confundir en nuestros bordados, se diferencian por ser la PAJARITA más esbelta y de pico más alargado y llevar a menudo un ramito en el pico".

Dibujo de Apeles Mestres

Hagamos aquí una explicación. Las bordadoras lagarteranas o toledanas, introducen como motivo de bordado a su popular y familiarísima figura: la PAJARITA; pero sabiendo bien que se trata de una figura muy local, un tanto además abstracta y simbólica, típicamente medieval. Consideran que introducir y difundir su bordado exige darle una forma más convencional; claramente advierten que las pájaras pintas que ven en la naturaleza se corresponden mucho más "por la forma" a la de las palomas o los pájaros que por tradición se vienen bordando. Se impone hacer el paso de la forma de la ”pajarita medieval” (la PAJARITA DE PAPEL) a la que podríamos llamar “renacentista”, que imita mucho más la realidad.

La PAJARITA es representación o significación del personaje del famosísimo JUEGO DE PRENDAS DE LA PÁJARA PINTA; pero en arte, la imaginación es libre de presentar a un mismo personaje en diferentes maneras, como vemos en mil casos que podríamos citar.

Las bordadoras toledanas o lagarteranas aceptan entrar en ese cambio de forma; pero ¡cuidado!: ¡con la condición de que conserve unos mínimos signos que siempre identifiquen como tales a la PAJARITA! ¿Qué detalles distintivos han de ser estos? Dña. Maravillas nos lo ha dicho antes: la ESBELTEZ, la GALLARDÍA, la ALTIVEZ y el PICO MÁS ALARGADO. ¿Más alargado de qué? ¡Más alargado que el de la paloma, que el del pájaro, que el que correspondería a una avecilla similar. Volveremos a esto; pero dejemos antes de continuar a Dña. Maravillas:

PÁJAROS: “A veces se confunde este motivo con el anterior; pero otras muchas se nota claramente la diferencia, pues los PÁJAROS suelen ser numerosos en el bordado, pequeños y sin ramo”.

Demos ahora la palabra a Dña. Mª Ángeles González Mena en su obra ya citada *Catálogo de Bordados*: “La PALOMA y la PAJARITA son muy empleadas en los bordados lagarteranos. Generalmente van afrontadas a un HOM o árbol de la vida, y otras veces a una fuente; la fuente y las PAJARITAS representan para los musulmanes la vida, y para los cristianos la Gracia a la que acuden a beber las almas. Estas aves casi siempre van empenechadas...”. “Los PÁJAROS se emplean, aunque no tanto, y casi siempre como elemento de relleno ornamental. Algunos autores estiman que el pájaro es un elemento propio del arte gótico. Los pájaros se encuentran en gran profusión en el arte cacereño y son más bien exóticos. Se diferencian de la PAJARITA en que son más pequeños, ocupan espacios vacíos y nunca llevan una rama vegetal en el pico, cola o cabeza”.

Arriba señaló Dña. Maravillas como uno de los caracteres distintivos de la PAJARITA bordada la ESBELTEZ. La esbeltez ha sido a lo largo de toda la tradición francesa de la COCOTTE, su máximo encanto. Lo expondré después bajo el epígrafe “LA COCOTTE”. En España se admiró –¡por supuesto!– la esbeltez de la PAJARITA; pero que sepamos nadie hizo referencia a ello, salvo aquellas antiguas bordadoras toledanas y la tradición francesa en pleno, lo que abona la idea, poco menos que evidente, de que los franceses tomaron la PAJARITA directamente en Toledo, durante los siglos XII-XIII en que tan notoria fue su presencia en aquella ciudad y en su provincia.

Hagamos ahora un obligado inciso. PAJARITAS en el bordado antiguo toledano, cacereño, portugués o salmantino ¿es sinónimo de PAJARITOS? ¡No!, son temas diferentes. La PAJARITA del bordado tradicional es gallarda, esbelta, altiva y de pico largo; los PAJARITOS en dicho bordado son bastante más pequeños, nada esbeltos y de pico corto; se bordan a menudo en bandadas para llenar espacios vacíos.

La PAJARITA en dicho bordado tradicional ¿es sinónimo de PALOMA? ¡Ni hablar! ¡No deben confundirse! De hecho se confundirán lamentablemente al llegar a la llamada Sierra de Francia, en Salamanca, ocasionando el grave error del Espasa al adjudicar a la Paloma la definición que corresponde sólo al plegado de la PAJARITA.

Entonces ¿qué clase de ave es la Pajarita? Evidentemente no está en la naturaleza. Tampoco aquellas antiguas bordadoras labran una idea ¿de dónde la vendría el pico largo y la esbeltez? ¡Las bordadoras a que nos referimos, saben muy bien que la Pajarita es esbelta, altiva y de pico largo! ¿Y cómo lo saben tan bien? ¡Porque están pensando en la Pajarita de papel! ¡Y saben que al trasladarla al bordado, se deberá "disfrazar" o representar de otra forma, mientras conserve esos signos identificativos: la esbeltez y el pico largo!

Pero ¡es que la Pajarita, si no es sinónimo de Pajarito no es otra cosa que la Pajarita de papel! ¡Es sólo en el bordado donde se la disfraza con otras apariencias, aunque conservando los dos signos identificativos! Y aunque se trata en el fondo del mismo personaje, el Diccionario no ha dado entrada todavía a la acepción del curioso tema de bordado. No estamos por lo tanto ante dos personajes diferentes, sino ante dos formas de representar a un mismo personaje: la forma que podemos llamar medieval o del plegado y la forma que podríamos llamar renacentista o del bordado.

Todo ello está evidenciando la existencia de la Pajarita de papel, como algo familiar, entrañable y querido de aquellas bordadoras.

Dña. Mª Ángeles González Mena (obra citada) comenta que Lagartera es el pueblo que más ha mantenido el mercado de estos bordados, y por esto se concede a todos los bordados toledanos el nombre genérico de "lagarteranos". Sin embargo, existen cuatro corrientes artísticas bien definidas en los bordados de Toledo, que se centran en los pueblos de NAVALCAL, LAGARTERA, OROPESA y TALAVERA.

Que el arte del bordado toledano se extendió por Extremadura y entró en Portugal lo evidencia una de las obras dudosas de Lope de Vega; *Las Hazañas del Cid*, plagada de lusismos o de lusitanismos, publicada en Lisboa en el año 1605. En su pág. 39 dice:

> "...y esta vale otro que tal,
> porque labra PAJARETAS (sic)
> de su mano en el cendal,
> que para andar con las vivas
> no las falta son volar..."(= sino volar).

Esta corriente de bordado se extiende también por toda la Sierra de Francia en la provincia de Salamanca. Dña. Mª Ángeles González nos dice (pág. 169): "La PAJARITA o la PALOMA es otro de los animales más significativos del repertorio de elementos decorativos de la escuela salmantina". Pero en esta zona se llegan a confundir por completo la PALOMA y la PAJARITA, aunque Dña. Maravillas nos dijo que la forma de ambas es diferente, que no deben confundirse y que algunos las confunden.

Y la confusión llega fatalmente al entrar en el mismísimo Diccionario Espasa. En su entrada PALOMA, leemos: "Papel cuadrado que, dándole varios dobleces, viene a quedar con cierta forma de pájaro". ¡La misma acepción que la entrada PAJARITA!

Tanto en *Papiroflexia Selecta* como en *Papiroflexia Colección* recogí esa confusión observada en la obra *El bordado popular serrano*, del doctor, arquitecto y académico correspondiente a la Real Academia de Bellas Artes de San Fernando, D. Lorenzo González Iglesias (Centro de Estudios Salmantinos – Salamanca 1982).

El bordado del forro del Arca de las Reliquias de San Isidoro de León (siglo XI) es el más antiguo bordado español y, por tanto marca hasta el momento actual, el punto de arranque para el estudio del desarrollo de este arte (del bordado) en nuestra patria (D. Antonio C. Floriano en *El Bordado* citado anteriormente).

Volvamos la atención hacia aquel momento crítico en que las bordadoras toledanas dan el atrevido paso de la forma de la PAJARITA DE PAPEL, a la de la pajarita bordada o renacentista, introduciéndola así en la larga y fecunda tradición del bordado popular.

D. Antonio C. Floriano en su obra tantas veces citada recoge la fotografía de una tela bordada que no duda en situar a mediados del siglo XIII, junto a las de dos telas bordadas de la misma época, procedentes del sepulcro del obispo D. Rodrigo Ximénez de Rada. El texto que figura al pie de estas fotografías dice que las tres telas pertenecen al sepulcro de D. Rodrigo, lo cual no es cierto. El bordado que aquí nos interesa no tiene nada que ver con el de las telas del sepulcro de D. Rodrigo. La otra tela, sí. En el cuerpo de su libro, D. Antonio lo puntualiza bien.

Reproducimos aquí la fotografía en cuestión (pág. 121). La pieza principal sugiere la forma cuadrada con un ave en cada esquina, que al ser estirada hubiera formado el rombo, estirando un poco con ello las figuras de las aves.

¿Qué figuras son éstas de mediados del siglo XIII? ¿Nada dicen al lector? Permítanme referir su forma a la de la tradicionalisima PAJARITA. ¿El PICO LARGO nada nos sugiere y recuerda? ¿La ESBELTEZ de la figura tampoco? ¿Ese tronco del ave no ha sido obtenido mediante el truncamiento del de la PAJARITA? ¿No ha sucedido otro tanto en la parte delantera para dar salida a las patas de la PAJARITA renacentista o del bordado? ¿La cabeza no ha experimentado igualmente el cambiazo aunque casi manteniendo la longitud de su pico? ¿El ojo en el centro de la cabeza no contribuye también a modernizar la forma de la figura de la PAJARITA medieval o de papel? ¿No nos dice nada su época?

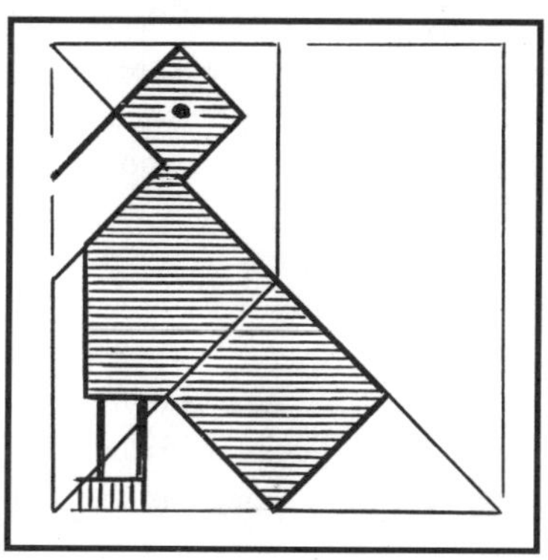

No cabe duda: estamos en el paso, en la transición de la forma de la tradicionalísima PAJARITA DE PAPEL, a la forma de la pajarita que en lo sucesivo será motivo de bordado. Esta pajarita aquí bordada por triplicado ¡es impagable!, ¡no cabe confusión!.

La PAJARITA del bordado tradicional conservará el PICO LARGO, la ESBELTEZ, el NOMBRE, El ORIGEN TOLEDANO de la PAJARITA DE PAPEL. Aunque las bordadoras toledanas no hubieran dicho más, su testimonio sobre la existencia en aquellos tiempos de la PAJARITA DE PAPEL es muchísimo más que suficiente. Ninguna otra forma tuvo antes la PAJARITA que el que nos ha transmitido el plegado en el que se han basado aquellas antiguas bordadoras.

Dije antes que la confusión de la PALOMA con la PAJARITA entre las bordadoras de la Sierra de Francia (Salamanca) llevó a la confusión en el Espasa.

Observemos: Si la Pajarita en el bordado popular al que nos referimos, no fuese otra cosa que lo que vemos, ¿qué tiene que ver con ella –equivocación aparte– la definición de "papel cuadrado" que dándole unos dobleces... etc? ¿Sólo el nombre de Pajarita? ¿Serán el pico largo o la esbeltez? Pero ¿qué tiene que ver esto con la definición del diccionario Espasa para la Paloma?

Volveremos a lo mismo: la Pajarita del bordado popular, es o representa al mismo personaje (del juego de prendas de la Pájara Pinta) aunque realizado artisticamente en diferente forma. Es el mismo personaje; pero con otro "camuflaje" por así decir, porque así convenía para introducirla en el mundo del bordado.

El lobo vestido de oveja, al que se siguiesen viendo las orejas o las pezuñas ¿no sigue siendo el lobo? La mona vestida de seda ¿dejará por ello de ser la mona?

La pajarita del bordado, con su pico largo y esbelta figura, es o representa al mismo y único personaje en un principio representado en la tradicionalísima forma que resulta al plegar un papel cuadrado y que nada tiene que ver con la Paloma del bordado popular. Las antiguas bordadoras toledanas veían tras la Pajarita del bordado a la PAJARITA DEL PAPEL; estaban apegadas a las viejas tradiciones" según nos dijo D. Antonio C. Floriano en su obra "EL BORDADO".

Sobre la popularidad del juego de prendas de la Pájara Pinta, recogí en *Papiroflexia Colección* cuatro textos de Quevedo. Añadamos aquí éste de Lope de Vega en *La Historia de Tobías* , tragicomedia en la que intervienen 27 personajes, tomados unos de la Biblia y otros del Madrid que conoció el autor. De ella transcribo estos versos:

> LLORENTE: Juguemos a los favores o al de las pájaras pintas.
> TAMAR: Eso cuando muchos haya.

Examinemos ahora la *Colección Pedagógico-Textil Complutense de Madrid* en el primero de los dos tomos publicados por el Consejo Social de dicha Universidad. Figura al final del mismo –en la sección de grabados– un par de páginas que tienen por título "Escuela de

Lagartera" (Toledo) y que incluyen muestras de veintiocho bordados. Veamos aquí el primero de ellos (pág. 114).

Advertimos en él, dos PAJARITAS enfrentadas; cada una con su cola truncada, figura gallarda y largo pico, que evidencian una clara relación con la del grabado de hacia el año 1250, si bien aquí se han añadido unas alas. Tengamos presentes las explicaciones que vimos sobre la PAJARITA del bordado, en la obra de Dña. Maravillas Segura Lacomba y en la de Dña. Mª Ángeles González Mena.

Repasadas, tanto en la Biblioteca de la Facultad de Bellas Artes de dicha Universidad, como también en la Biblioteca Nacional en Madrid, dos colecciones de láminas sobre antiguos bordados populares segovianos, vemos que se nos hace referencia a palomas y pájaros; pero no a pajaritas, que sí advertimos en la escuela de Lagartera.

El grabado (pág. 114) que reproduzco ampliado y superpuesto a la silueta de la pajarita de papel da la idea de que el de 1250 "de origen desconocido" es a todas luces toledano, representando ambos el paso de la pajarita de papel a la del bordado. Las bordadoras se permitieron posteriormente otras variaciones, manteniendo los caracteres distintivos de la pajarita; pero es muy admirable que el bordado de la pajarita haya llegado hasta nuestros días, aunque con la confusión en que se incurrió a principios del siglo XX en la Sierra de Francia, en Salamanca, con el motivo de la PALOMA.

La desestimación del arte del plegado por parte de los pedagogos, hasta mediados del siglo XIX, resultó manifiestamente suplida por la estimación que de la PAJARITA dejaron constancia aquellas antiguas bordadoras toledanas de tradición posteriormente continuada por extremeñas, portuguesas y salmantinas.

Digamos finalmente que aquellas antiguas bordadoras eran también conocidas con el término de LABRANDERAS. "La más famosa de todas las labranderas hispanas, y donde se documenta por primera vez el término, nos la presenta Fernando de Rojas. Se llama CELESTINA y tenía seis oficios: el primero de ellos, que servía de cobertura de los otros, era el de labrandera. El término de LABRANDERA aparece en *El Quijote* (II, cap. 28) y se exportó tempranamente a nuestras colonias de América" (TOLETUM, Boletín de la Real Academia de Bellas Artes y Ciencias históricas de Toledo, nº 33 – 2ºSemestre – Toledo).

¡Más información! La conquista de Toledo por Alfonso VI tuvo lugar en el año 1085. Refiere el Romancero Castellano que seguidamente dicho Rey ganó una serie de lugares estratégicos desde los que se controlaba el paso de los principales caminos, puentes, etc. Entre dichos "lugares de moros" estaría sin duda Lagartera, a sólo un kilómetro y medio de Oropesa y como ella en lugar elevado, vigilando el amplio camino obligado. Los otros fueron Montalbán, Talavera y Mejorada.

Tras la conquista de dichos lugares, nos dice la Historia que fueron repoblados por los mozárabes toledanos. La fundación de Lagartera como Villa tiene lugar en el año 1320. Los privilegios a Oropesa son concedidos en los años 1274, 1288 y a lo largo del siglo XIV.

Grabado del siglo XV en que aparece el molinillo de viento.

Del libro *Tejidos y Bordados Populares Españoles* por Mildred Stapley (Madrid 1924). Editorial Voluntad S.A.

La pajarita en el bordado tradicional de la escuela de Lagartera.

Escuela de Lagartera (Toledo). Tema heráldico.

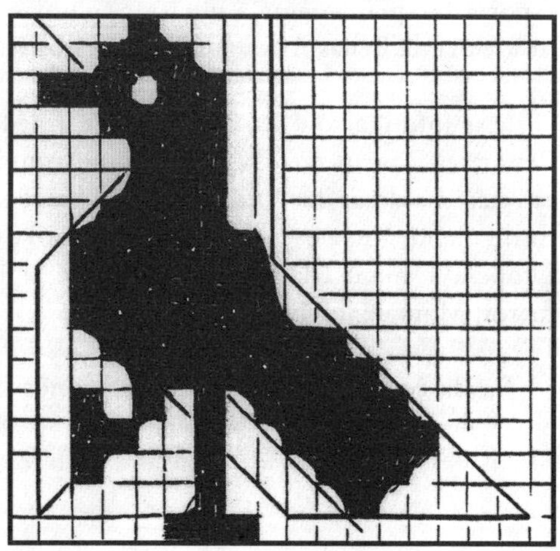

Si a mediados del siglo XIII los bordados de aquella zona incorporaban la PAJARITA como elemento de bordado, parece que debe atribuirse a las bordadoras de aquellos mozárabes toledanos repobladores; al igual que la tradición francesa habían conocido la PAJARITA en Toledo.

Las bordadoras tenían sus muestrarios que llamaban DECHADOS. Consistían en lienzos en los que tenían labrados sus elementos de bordado. El bordado lagarterano se hacía contando los hilos y así se sigue haciendo. Dibujar sobre papel los elementos de bordado no podía alcanzar la necesaria precisión, y el papel por otra parte resultaba mucho más perecedero. Durante siglos –como dijimos y aún veremos– las bordadoras toledanas fueron fieles a los elementos de bordado que tenían en sus dechados.

Hacia el año 1920 viene a España la estadounidense Sra. Mildred Stapley. En su libro *Tejidos y Bordados Populares Españoles*, Madrid 1924, dice en el Prefacio: "Ha sido mi diversión predilecta durante los seis años de mi grata estancia en España el reunir y estudiar bordados y tejidos antiguos españoles".

Incluye en este libro una buena cantidad de fotografías de bordados españoles procedentes de diversas colecciones. Los hay también del Museo Pedagógico Nacional, que al disolverse por los años setenta entregó su fondo de bordados a la Universidad Complutense de Madrid, Facultad de Bellas Artes. Dice la autora que casi todos los bordados que aparecen en el libro han sido realizados en los siglos XVIII y XIX. Digamos que publicó además otros cuatro libros en Nueva York (en inglés), dos de ellos también sobre temas españoles.

En la lámina 87 del libro de Bordados, aparecen dos PAJARITAS enfrentadas, casi idénticas a otra que aparece en la lámina 86 en foto más clara. Es por ello que reproducimos aquí ésta (pág. 114).

Observamos en ella la altivez o gallardía de la figura, el pico largo, la cola y el cuerpo truncados como vimos en los dos grabados anteriores; pero observamos aquí que la bordadora hasta ha reproducido en buena parte la cabeza de la PAJARITA DE PAPEL. ¡Un paso más!

El paso del simbolismo al realismo en el arte occidental europeo culminó al término del siglo XIII. Es sin duda interesante el observar en los grabados de estos bordados, cómo aquellas bordadoras toledanas se las ingeniaron para introducir la PAJARITA en su arte; porque además partían de una figura un tanto simbólica en cuanto medieval, y la modernidad les reclamaba el realismo. Los grabados aquí recogidos se sitúan sin duda entre esos dos extremos. La consigna de ellas era, como queda dicho, salvar la gallardía de figura y el pico largo. La PAJARITA debía armonizar en el bordado con la Paloma y el Pájaro.

El 21 de agosto del 2004, visitando a Dña. Amparo Jiménez, Directora de la Biblioteca del Museo del Bordado, en Lagartera, me referí a la PAJARITA. Al instante me dijo: ¡La PAJARITA ES MEDIEVAL! (¡Con la de años que tardé en averiguarlo!).

Veamos seguidamente dos bordados del catálogo del Museo de Tejidos, Bordados y Encajes de Barcelona (1906).

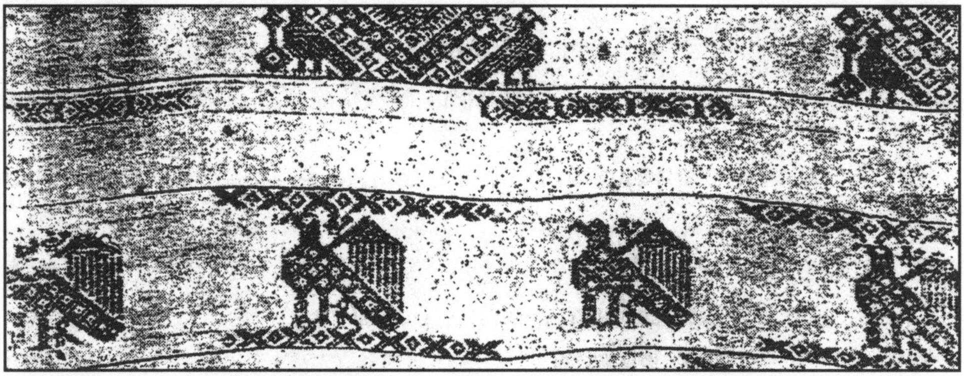

Detalle de un bordado español del siglo XII al XIII.

Bordado del siglo XIV.

3 - LA COCOTTE

COCOTTE es el neologismo francés del siglo XVIII para designar a la PAJARITA. En un principio se la llamaba popularmente en Francia OISEAU (PÁJARO) seguramente por traducción del español PÁJARA o PAJARITA.

PAJARITA se dice en catalán OÇELL DE PAPER, o sea PÁJARO DE PAPEL.

¿A qué debe la fama que durante siglos ha tenido esta figura en España? Que sepamos, nadie se lo preguntó antes de Unamuno. La vemos muchas veces asociada al nombre del antiguo juego de prendas de la Pájara Pinta, e incluso a la letra del corro de dicho juego; pero su relación con el juego se ha ido olvidando entre la gente. Ha sido preciso investigar a fondo para encontrar la significación y razón de ser de la PAJARITA y en consecuencia del motivo de su fama en España.

Según Unamuno, el secreto de la fama de la PAJARITA o COCOTTE está en la perfección geométrica y en su antigüedad.

¿Y en Francia? Al parecer, nadie actualmente conoce la relación de esta figura con el juego de prendas. Su fama en el país vecino se basa tradicionalmente en su gallardía, su airosidad, su altivez, su esbeltez y su elegancia.

D. José Mª Iribarren en su libro *El Porqué de los Dichos* dice que antiguamente se llamaba PÁJARA PINTA a la mujer muy discreta, todo lo contrario de lo que hoy dicen nuestros diccionarios. ¿Se relacionaría dicha discreción con la elegancia, la gallardía y la esbeltez?

En Francia, más que ver en la figura un OISEAU la ven como COQUETTE, cuyo sentido de PRESUMIDA nunca tuvo en Francia. COQUETTE en Francia es sinónimo de gallarda, altiva, elegante.

El *Dictionaire historique de l'ancien langage françois* por Lacurne de Sainte Pelaye (París 1877) dice que COQUETTE es sinónimo de POULE. ¡Otro nombre que popularmente dieron en Francia a la PAJARITA desde antiguo. POULE significa GALLINA o ave similar.

La introducción de la entrada COCOTTE en los diccionarios galos, como la de PAJARITA en los españoles, tuvo lugar sin duda por la referencia que hizo a dicha figura el afrancesado D. Leandro Fernández de Moratín. Recordemos que durante la Guerra de la Independencia abrazó el partido de José Bonaparte, quien le nombró director de la Biblioteca Nacional. Al morir, Moratín fue enterrado en París, entre las tumbas de Moliere y La Fontaine, hasta que posteriormente sus restos fueron trasladados a Madrid.

Suponemos que el neologismo COCOTTE fue creado por los señores de la Academia Francesa de la Lengua, tras una complicada deliberación. ¿Cómo llamar oficialmente a la tradicional figura de papel? ¿Oiseau? ¿Poule? Lógicamente pensarían que dicha figura no tiene forma de pájaro ni de gallina.
¡Qué lejos había quedado la visión medievalista de nuestras gentes!

Puestos a buscar un neologismo, los señores de la Academia Francesa de la Lengua se debieron de fijar en el término COQUETTE. COQ en francés es gallo. Un COCOT (valga la expresión) sería un "gallote". Observaron que la repetición CO-CO, CO-CO, sugería el sonido gutural que emite la POULE y de todo ello resolvieron el actual nombre de COCOTTE.

Recordemos que la elegancia y la esbeltez eran distintivos de la PAJARITA según las antiguas bordadoras toledanas, lo que se corresponde enteramente con el motivo de la fama de la figura en la tradición francesa. Nos parece una razón más para creer que los franceses tomaron esta figura en Toledo, en los siglos XII-XIII, en los que su presencia en Toledo y provincia fue tan notoria. Y parece que ello concuerda con lo que dice D. José Mª Iribarren: "pájara pinta" era antiguamente un término favorecedor.

4 - LEONARDO DA VINCI

En ocasiones hemos leído que Leonardo da Vinci era un admirador de las figuras de papel. ¿Qué hay de cierto? ¿Qué figuras admiraba?

La *Biblioteca de Autores Españoles* –Ediciones Atlas, Madrid 1959– recoge en su tomo primero una extensa información sobre D. Gonzalo Fernández de Oviedo, historiador y escritor que desempeñó importantes misiones en el Nuevo Mundo durante el tiempo de Hernán Cortés. En la página XX se lee:

"Como sabemos por él mismo, se había puesto de moda por entonces (en el Madrid de su mocedad) el arte, si así se puede llamar, de recortar con tijeras figuras de papel; y nuestro Gonzalo llegó a ser algo así como el plusmarquista nacional en tal ejercicio. De ello había tomado algunas lecciones de Bernardino Manrique y de Hernando de Mendoza, hermano de Juan de Mendoza señor de Fresno de Torote".

Durante la estancia de D. Gonzalo en Milán, había conseguido reproducir en papel recortado con tijeras, escudos de armas con todos sus ínfimos detalles; pero escudos del tamaño de una uña de la mano. Y en el castillo del Duque Ludovico Esforza le fueron mostrados dichos trabajos a Leonardo da Vinci, quien hizo el siguiente comentario:

"Crea su Excelencia que esta es la cosa del mundo que hasta hoy he visto que más me ha maravillado, y si no lo viera cortar yo, no creyera que hombre podía hacer cosa tan sutil con solas las tijeras y sin dibujo alguno, mas de solamente a memoria mental mover las manos". (Ib.)

D. Gonzalo pasó después a residir en Nápoles. Su rey don Fadrique después de cenar, a la lumbre de las velas, o para probar la vista o porque le parecía cosa imposible, se sacaba un cabello de su real cabeza y mandaba que le hendiese con las tijeras, y lo que más admiraban los que lo veían, era que cortara el cabello por la mitad a todo lo largo. "Eso era a la verdad –explicaba después D. Gonzalo– lo más fácil para mí de lo que hacía, porque los cabellos son huecos y como le hendiese un poco con las tijeras, lo demás con la uña lo hendía y se abría como un mimbre". (Ib.)

"Lo que gané con todo ello –decía mucho después D. Gonzalo– fue estropearme la vista". (Ib.)

Creemos que con ello queda aclarado lo de la admiración que Leonardo da Vinci sentía por las figuras de papel.

5 - PLEGADO DE LA MITRA DESDE LA SEGUNDA MITAD DEL SIGLO XII HASTA EL SIGLO XIII (1230)

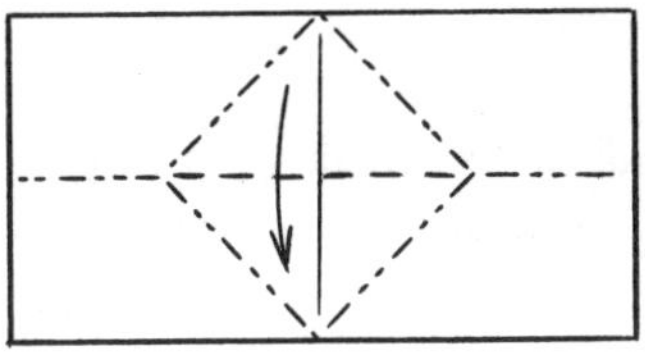

Diseño según Viollet Le Duc.

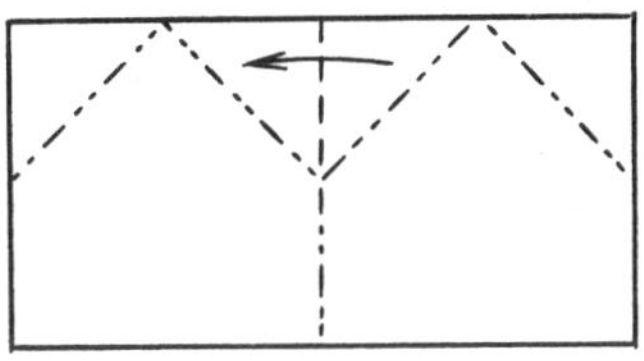

Según Bohault de Flery.

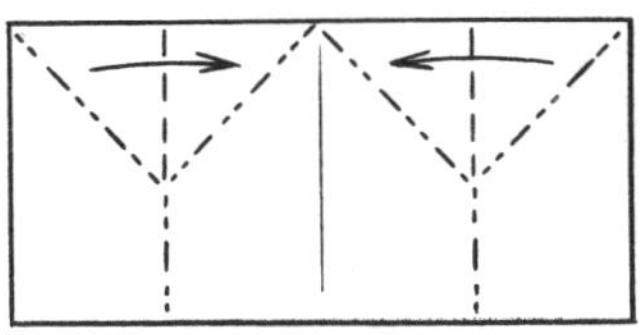

Diseño de la mitra de D. Rodrigo Ximénez de Rada, siglo XIII.

Vimos en *Papiroflexia Selecta* cómo se plegaba la MITRA del Papa desde la segunda mitad del siglo XII hasta el año 1230.

Una vez plegada, se terminaba con una costura por delante y por detrás (véase el diseño de VIOLLET LE DUC).

Vemos aquí dicho diseño y también el de BOHAULT DE FLEURY. En este segundo caso, se precisaba una costura LATERAL, más otra en forma de T entre los dos picos.

A partir de 1230 se confeccionaban las mitras unas veces más bajas, como en el diseño que vemos de D. RODRIGO XIMÉNEZ DE RADA en el siglo XIII, y otras veces con los picos más altos siguiendo ya una norma general; para ello era preciso otro diseño lógicamente y variar la proporción de la tela.

Pero ¿qué es lo que daba consistencia a la MITRA para que se tuviera en pie? Concretamente la MITRA de D. RODRIGO XIMÉNEZ DE RADA estaba interiormente armada con una pieza de pergamino entre la rica tela exterior y el forro interior, tanto en la parte frontal como en la dorsal. Es de suponer que el mismo recurso se aplicaría en la construcción de todas las demás mitras.

El monasterio cisterciense de Sta. María de Huerta conserva completas las vestiduras pontificales de D. RODRIGO XIMÉNEZ DE RADA que fueron cuidadosamente estudiadas por el Ministerio de Cultura, y meticulosamente restauradas por el Instituto de Restauración. Constituyen las únicas vestiduras completas que se han conservado de un importante personaje del siglo XIII. De dichos trabajos hay publicados estupendos informes de los años setenta del pasado siglo.

6 - EL BARQUITO DE PAPEL EN LA OBRA "SPHERA MUNDI" DE SACROBOSCO

En *Papiroflexia Colección* vimos el grabado de las ediciones de Venecia de 1490 (segunda parte de la tirada), 1498 y 1508, y de la de París en el año 1508 también. Al presentar el grabado de la edición de Alcalá de Henares en 1526, comenté que se utilizó el mismo, pocos años después en la edición de Lisboa. Puedo ahora precisar más; esta edición de Lisboa fue realizada en el año 1537 por Editorial Gallarde.

El segundo grabado reproducía con gran exactitud el primero en todo menos en el barquito, lo que sin duda debió de ser por dar más gravedad y seriedad al libro.

7 - LA PAJARITA O COCOTTE EN LOS FUSELAJES DE LOS AVIONES

En el aeródromo de Los Alcázares (Murcia) aterrizó el 8 de noviembre de 1933, de paso para África, la famosa «Escuadra Negra» del general Vuillemin, con treinta aviones Potez 25 T.O.E. Con sus pajaritas en las colas de los fuselajes (v: *Aeródromo de los Alcázares, 1915* por Fco. J. Olmos García y Juan Fco. Benedicto Martínez. –Impr. Los Alcázares Artes Gráficas S.L. Agosto 1996. Dep. Legal: Mu-1288-1995–).

El general Vuillemin con algunos de sus oficiales momentos después de su llegada a Los Alcázares, 8 de noviembre de 1933.

LA «ESCUADRA NEGRA» FRANCESA DEL GENERAL VUILLEMIN EN LA ESCALA QUE REALIZARON EN LOS ALCÁZARES EN SU VIAJE HACIA LAS COLONIAS DE ÁFRICA

La «Escuadra Negra» formada por 30 aviones Potez 25 T.O.E., alineados en el aeródromo de Los Alcázares (Murcia, año 1933).

Por D. Juan Diego Peña, ingeniero aeronáutico y miembro de la Asociación Española de Papiroflexia sabemos que hubo en Melilla otra escuadrilla de aviones que llevaban una pajarita negra como emblema en el fuselaje. Parece ser que hubo otra en Granada con el emblema de la pajarita blanca sobre fondo celeste. (Gentileza todo ello de D. Juan Gimeno).

En el libro *15 ans de Mirage 5 à la force aérienne belge* por Georges Lecomte et Serge Nemry, se reproducen más de treinta fotografías de aviones belgas antiguos en su mayoría, luciendo todos la pajarita o cocotte en el fuselaje. Más de un avión aparece estrellado contra el suelo.

Bordado de orígen desconocido (1250 aprox.)

8 - ANTIGUOS ABANICOS DE SEÑORA QUE TENÍAN FORMA DE BANDERA

En *Papiroflexia Colección* (pág. 198) vimos reproducidos unos dibujos de damas usando, en los siglos XV y XVI, abanicos planos en forma de bandera, lo que era entonces muy usual en Europa.

Aquí aporto un detalle de un mural de Tunicia de aproximadamente el siglo IV o V. Vemos a una dama sentada, abanicándose con uno de tales abanicos en forma de bandera. Ello evidencia que tal tipo de abanico tuvo una tradición de doce siglos por lo menos. (v. *San Agustín Pastor de Almas* por F. Van der Meer; Barcelona: HERDER, 1965).

Los primeros abanicos plegables –como dijimos– fueron traídos a Europa el año 1542, por los guerreros portugueses que conquistaron Macao. Dichos abanicos plegables se fabricaban en Japón con preciosos papeles estampados en colores y eran exportados a China, Corea y otros lugares del Extremo Oriente. Como dije en *Papiroflexia Fácil*, San Francisco Javier en su tercer informe sobre Japón (año 1548) entregado a García de Sa (Gobernador de Goa), le refería que los japoneses exportaban entre otras cosas ABANICOS. Tanto los hombres como las mujeres los usaban en aquellos países.

Curiosamente, el plegado en zig-zag se usaba en Europa desde el siglo IV hasta el XIV en la confección de los flabelos litúrgicos o espantamoscas, y a nadie se le ocurrió aplicarlo a los abanicos de señora, hasta que los portugueses trajeron los primeros, causando sensación en Europa e imponiéndose su plegado hasta el presente.

Podemos ver uno de estos abanicos en forma de bandera, en el cuadro de Veronés *Venus con Adonis* (Museo del Prado). La diosa Venus lo tiene en la mano; la hoja es de unos 30 centímetros de altura. Podemos verlo también en otro cuadro del mismo pintor: *La Hija del Ticiano* (Espasa, entrada "Veronés", pág. 1627). Pablo Veronés es del siglo XVI.

Venus con Adonis. S. XVI, Pablo Veronés.
Museo del Prado.

9 - PAPIROLAS NO IDENTIFICADAS

Antes de generalizarse la impresión Offset (la máquina Offset es invención del año 1904), la impresión de libros se hacía casi totalmente mediante tipos de letra fundidos. La composición de textos resultaba muy lenta y laboriosa. El cajista de imprenta tenía que escoger uno a uno los tipos para formar las líneas. La linotipia o máquina de composición mecánica de textos (siempre mediante tipos fundidos) data de 1884. Y si laboriosa era la composición de textos, aún lo era más la obtención de grabados de imprenta a partir de dibujos.

Esto explica que tantas veces se haga referencia antiguamente mediante solo nombres a las figuras en papel plegado, cuyas formas desconocemos al no haber sido fijadas mediante grabados.

Pablo Minguet en sus libros hace una lista de 34 nombres de figuras que se obtenían mediante un pliego de papel blanco con pliegues en zig-zag, para nosotros desconocidas. Conocemos sólo las que se publicaron modernamente mediante dibujos o fotografías.

Lo mismo sucede con muchos nombres de papirolas en los libros que trataron de plegados "froebelianos" que se publicaron en listas casi comunes en unos países u otros.

En *Manuel Pratique des Jardins d'Enfants* –Bruselas y Ostende 1859–, me intriga el nombre de LA POIVRIERE que parece ser lo que otros llamaron EL PIMENTERO. Es de suponer que se trata del "RECIPIENTE" que vemos en la exposición final de *Papiroflexia Selecta*; o junto al FUELLE en *De Kleine Papierwerkers* –1863–, que figura en *Oru Kokoro* como de 1864 (acaso se trate de una segunda edición). Por cierto que esta figura debió de inspirar la creación de su variante conocida en Japón como GLOBO, y en Occidente como CUBO con o sin alas, o BOMBA DE AGUA.

En la misma obra *Manuel Pratique...* edición de 1860 me intriga el nombre LE COMPTEUR (el APARATO CONTADOR). ¿Qué figura es ésta?.

En los *Anales de la Primera Enseñanza* – Tomo 2 – año 1860, veo los nombre de SACO DE NOCHE, FLOR, ESTRELLA, ALMILLA (JUBÓN ESCOTADO CON MEDIAS MANGAS) que probablemente se obtenía al poner boca abajo el PANTALÓN, plegado y fijando las puntas de las perneras; corresponde posiblemente a la CAMISA que vemos en la exposición final de mi libro *Papiroflexia Selecta*. Y sigo con la lista: CAJA DE CIGARROS, CAJA GRANDE, CAJA SÓLIDA, OTRA GÓNDOLA, RIDÍCULO, MANGUITO, CHUPA (CHAQUETA) de minero, SOMBRERO, CRUZ DE HONOR (diferente de la CRUZ), OTRA PETACA, COLGADOR, CARTA DE DOS SELLOS, GÓNDOLA DE RUEDAS, GÓNDOLA CERRADA (cerrada de costados es de suponer), GÓNDOLA CON VELAS.

En *Manuale Pratico dei Giardini d'Infanzia* di Federico Froebel –Milán 1871–, me intrigan los nombres de las figuras LA CAMICIUOLA (probablemente la ALMILLA que comenté antes), la *SEPPIA* (SEPIA o JIBIA), la *BORSA DI LAVORO* (BOLSA DE TRABAJO) y *LO SCRITTOIO* (el ESCRITORIO).

Posiblemente en algún caso, una misma papirola sugería una cosa a unos y otra a otros. En todo caso resulta conveniente hacer un estudio a fondo, revisando y comparando un máximo de libros de tales trabajos manuales, a fin de tratar de identificar todas esas figuras. Algunas de ellas fueron tal vez publicadas con grabados en otros países; y desde luego, la primera fuente de información podrían ser los propios archivos documentales de Froebel. Desgraciadamente, no tuve ocasión de indagar sobre ello durante la Convención de Bad Blankenburg (1991) en la Casa-Museo de Froebel, por falta de tiempo y por desconocimiento del idioma alemán.

La identificación de todas estas papirolas permitirá sin duda unificar sus nombres y ampliar la exposición que hice en *Papiroflexia Selecta* de las figuras que se plegaban en Europa antes de 1875 o 1878, excluidos los CUADRADOS ORNAMENTALES o similares.

Sería asimismo conveniente tomar nota de los años en que cada figura aparece documentada, como vemos en las figuras de la tradición japonesa hasta 1875 o 1878 de mi libro *Papiroflexia Colección* (pág. 215).

MLLE MARIE KŒNIG
Ex-inspectrice des Écoles maternelles
Auteur du « Monde en papier »

TRAVAUX RÉCRÉATIFS

POUR LES ENFANTS DE 4 A 10 ANS

PARIS
LIBRAIRIE HACHETTE ET Cie
79, BOULEVARD SAINT-GERMAIN, 79

1898
Droits de traduction et de reproduction réservés.

Marie Koenig es autora del libro *Monde en papier* que no conozco al escribir estas líneas. En otro de sus libros *Travaux Récréatifis* –1898–, se refiere bajo el título *les ballons pour la retraite aux flambeaux* (los globos para la procesión de las candelas) a los tradicionales "globos en papel plegado" con motivo de una fiesta posiblemente coincidente con el solsticio de verano. Sería interesante investigar qué hay de esta tradición. (Gentileza de D. Juan Gimeno).

MLLE MARIE KOENIG
Ex-inspectrice des Ecoles maternelles
Auteur du « Monde en papier »
TRAVAUX RÉCRÉATIFS
POUR LES ENFANTS DE 4 A 10 ANS

10- NUESTRA INVESTIGACIÓN CONTINÚA

Queda en pie la hipótesis de trabajo que suscribí desde por lo menos el año 1993, (véase ABC de Madrid –4 Oct.93–, sección Toledo, "La Papiroflexia nació en Toledo" por D. Luis Moreno Nieto, cronista de la provincia). La invención de la PAJARITA era ya a mi juicio una creación del siglo XII en Toledo. Lo mismo expuse en septiembre de aquel año en el Boletín de la Asociación Española de Papiroflexia "PAJARITA-44" pág. 37. Mis sospechas –desde luego– venían de antes (ver "PAJARITA-33" –Dic. 1990– pág. 44):

"Al fin la investigación se concentra en cosa de un siglo. Todo lo demás será buscar nuevos detalles que enriquezcan la historia de nuestra afición".

ÍNDICE DE LAS FIGURAS POR ORDEN ALFABÉTICO (70 FIGURAS)

ALGUNAS ASOCIACIONES DE PAPIROFLEXIA

ALEMANIA
Origami Deustschland
Postfach 1630, D-85316 Freising, Germany
http://www.papierfalten.de

ARGENTINA
Amigos del Origami
Patricia Gallo; Calle 45 #898, 1900 La Plata.
Buenos Aires, Republica Argentina.
e-mail: halgall@netverk.com.ar

Buenos Aires – Origamistas Argentina
Maria Susana Tanaka de Arashiro; Pasaje Manuel Padilla 4051, CP 1430 Buenos Aires, Argentina;
Tel: 552-5595, fax: 541-312-2347/313-8984;
e-mail: origamistasarg@hotmail.com

BÉLGICA
VNOS Belgie
(Vlaams Nederlandse Origami Stichting Belgie)
Peter Mennens, Pres; Post Bus 62, B2370, Arendonk, Belgium

International Origami Centre Belgium
Marcus R.Cooman; Eikenlaan 24, B-2620., Hemiksem Belgium;
e-mail: marc.cooman@pandora.be

BRASIL
Alianca Cultural Brasil-Japâo/GEO
Mari Kanegae; Rua Vergueiro, 727, 1º.andar,
Sâo Paulo, SP, Brasil, CEP 01504-001;
Tel: 55-11-279-6630; fax: 55-11-3277-1145
e-mail: mari.kanegae@uol.com.br

CANADÁ
Burlington Origami Club (BOC)
Kathleen Hong Casimir; (905) 631-7936;
e-mail: jkc@aol.com;
Meet: 3rd Saturday, 2pm at St. Patrick´s Church hall. Burlington

Origami Montreal
Hideko Sinto; (450) 448-2530;
e-mail: orimtl@geocities.com;
Meet: 4th Sunday, 1-4 pm at 6848 Christophe-Colom, Montreal;
website: http://www.geocities.com/orimtl

Origami Society of Toronto
Toshi Aoyagi; (416) 966-9772;
e-mail: taoyagi@jftor.org; Meet: 3rd Thursday, 7pm at Japan Foundation, 131 Bloor St. West, #213, Toronto;
website: www.origamitoronto.org

PALM-Paperfolders
Around the Lower Mainland
Joseph Wu; (604) 729-6629; e-mail:query@origami.as;
Meet: 4th Saturday, 2-5 pm at Oakridge Branch, Vancouver Public Library;
website: http://www.origami.as/Info/palm.php

Quebec Origami
Marisa Filion; e-mail: pstmichel@videotron.ca

COLOMBIA
Origami Bogotá
Daniel Duarte Méndez; cra.40 22E-60 Edificio B-3
Apto 1302, Santafé de Bogotá D.C., Colombia;
Tel: 2697620; e-mail: dadume@yahoo.com

ACO-Asociación Colombiana de Origamistas
José Arlet Moreno; Carrera 1A9 69-70, Cali,Colombia;
tel: +57 2 446 7847;
e-mail: origamicolombia-admin@elistas.net;
website: http://pagina.de/origamicolombia

DINAMARCA
Dansk Origami Center
Ewaldsgade 4, KLD, 2200 Copenhagen-N, Denmark

ESPAÑA
Asociación Española de Papiroflexia
(Spanish Origami Society)
Apartado de Correos 13156, 28080 Madrid; Spain
website: http://www.publynet.com/aep

ESTADOS UNIDOS
Origami USA
15 West 77th Street
New York
NY10024-5192
website: http://www.origami-usa.org

FRANCIA
Mouvement Français des Plieurs de Papier
56, Rue Coriolis, 75012 Paris, France
Tel: (1) 43 43 0169; e-mail: mfpp@worldonline.fr

GRAN BRETAÑA
British Origami Society
Penny Groom ; 2A The Chestnuts, Countesthorpe, Leicestr LE8 5TL, England; e-mail:
penny.groom@btinternet.com;
website: http://www.britishorigami.org.uk

GUATEMALA
Asociación Centroamericana de Papiroflexia Materatica
Lic.Otto L. Saravia G., Director; 3 era. Calle 8-10
Zona 4, Ciudad del Sol, Villa Nueva, Guatemala;
Tel: 6364545

HOLANDA
Origami Societeit Nedderland
Ledenadministratie OSN
1e Sweelinckstraat, 9
2517 GA DEN HAAG

HONG KONG
The Chinese (HK) Origami Society
David Chan, Chairman, Flat A, 9/f, 524 Nathan Rd.,
Kowloon, Hong Kong

HUNGRÍA
Hungarigami, Hungamrian Origami Society
Kecskemet pf. 60 H-6001 Hungary

ISRAEL
The Israel Origami Art Society
Shachrai St. 24/633
96470 JERUSALEN
Tel: 02-6751307

The Israeli Origami Centre
77 Bialik St.
Ramat-Gan 52346

ITALIA
Alessandria Origami
Mirco Ulandi; Via Togliatti, 28 15 100 Alessandria, Italy

Lucca Origami
Paolo Meschik; Via de Tofori, 6755010 Tofori, Lucca,
Italy

Centro Diffusione Origami
Luigi Leonardi, Treasurer; P.O. Box 42, 21040 Caronno
Varesino (VA), Italy; Fax: ++39-0331-635651
e-mail: ellelle@tin.it; website: http://www.essenet.it

JAPÓN
Internacional Origami Centre of Tokyo
P.O. Box 3, Ogikubo, Tokyo 167, Japan

Nipon Origami Association
2-064 Domir Gobancho, 12 Gobancho, Chiyoda-ku
Tokyo 102-0076, Japan; tel: 81-3-3262-4764,
fax: 03-3262-4479; e-mail: info@origami-noa.com
website: http://www.origami-noa.com

Japan Origami Academic Society
Gallery Origami House, #216, 1-33-8,
Hakusan, Bunkyo-Ku, Tokyo, 113-0001, Japan;
Fax: 81-3-5684-6080; e-mail:webman@origami.gr.jp;
website: http//www.origami.gr.jp/

PAÍSES BAJOS
Origami Sociëteit Nederland
Peter Blondel; de Genestetstraat 84, 2032 ZL Haarlem,
The Netherlands (7840 Z 299912);
e-mail: blondel@sara.nl"

PERÚ
Centro Latino de Origami
Caracas 2655, Dpto. 13-Jesús Maria, Lima 11, Perú

POLONIA
Polskie Centrum Origami
Szkoza Podstanowa; nr 20; os. Rzeczypospolite 44,
Poznan 775631, Poland

RUSIA
Thousand Cranes
Tatiana Khliamova
Sireneviy Bulbar, Dom 8
Korpus1, KV.294
194352 ST. PETERSBOURG

Moscow Origami Club
Misha Litvinov; Frunzenskaya nab. 50-416, 119270
Moscow, Russia; tel: 7-095-242-7756
e-mail: stal@glasnet.ru

SUECIA
Origami Sverige
Dino Andreozzi; Tre Källors Väg 15 nb,
4565 Norsborg, Sweden; tel: +46-8-531-77198
(Dino's home); e mail: dion@hem.passagen.se;
website: http://welcome.to/origami.sverige

VENEZUELA
Asociación de Origami de Venezuela
Apartado Postal #66757, Plaza las América, Caracas
1061-A Venezuela